우울과 몽상,
그리고 데카당스

dépression, rêve et décadence

문지하

내 모든 우울함과 음울함과 나태함과 끝도 없는 감정 기복에 고통받는 내 정신에게, 미(美)를 좋아하며 젊음을 찬양하며 호기심이 이끄는 쾌락을 거부하지 않는 내 내면, 깊은 어둠 속에 숨어있는 본능에게, 자라고 자라서 한 덩이 똬리를 틀고 앉아있는, 마음을 지배하는 존재여, 내 우울, 몽상, 음울, 쾌락, 퇴폐를 사랑한다. 기꺼이 그곳에 빠지리라.

2017년 12월 6일, 우울한 어느 날, 나에게

이 책에 들어가기 전에,

이 책으로 위로를 전하거나 공감을 얻어야겠다, 는 생
각은 없다. 나의 예민한 예술적 감성을
폭발시켜 보고 싶어서 글을 쓴다는 것을
미리 알려두고 싶다.
한 마디로, 개인에 한해서 쓴, 불친절한 책이다.

내 우울한 감성과 성향과 회의적인 성격은 그림을 그리면서, 책을 읽으면서 완성된 것 같다. 원래 상상하는 것을 좋아했고, 몽상의 기질은 가지고 있었으니 말이다.

나는, 주변에서 나만의 세계를 가지고 있다, 는 말을 자주 들었다. 그것은 4차원, 괴짜, 작가, 아티스트, 등등의 말들로 불리기도 했다. 엉뚱하다, 특이하다, 이런 말을 들을 때면, 미술을 전공했던 나는 오히려 좋아했다. 나 자신도, 주관이 확실하고 좋아하는 것이 분명한, 가치관이 확고하게 성립된 나의 성격이 좋았다. 그러면서 형성된 나의 분위기가 좋았다. 그런 분위기는 아무나 가질 수 있는 것이 아니라고 믿고 있다. 나는, 좀 더 나의 분위기를 깊이 파헤쳐 보고 싶다는 생각을 했다.

아우라.

나는, 우울하고 몽상가적이면서도 아름답고 몽환적 매력의 아우라를 가지고 싶다. 음울한데 아름다운, 독특한 아우라를 가지고 싶다. 주변에서 쉽게 볼 수 없는, 같이 있으면 그 분위기에 서서히 압도당하는 그런, 아우라를 가지고 싶다. 나 스스로, 내 나이대에서나 보통의 사람으로서 가지고 있지 않은 생각을 하고 있다고 느낀다. 예술가적인 생각을 하고 싶고, 예술가로 살고 싶다. 나를 괴롭게, 우울하게 만들어서 그 고통 속에서 무엇인가를 만들어 내고 싶다. 아무리 즐겁다고 떠들어대도, 원래 인간은 본질적으로 혼자고, 외롭고, 세상은 불공평하고 우울하다.

　　나는 왜 이런 생각을 가지게 되었을까. 나의 타고난 기질과 성향과 후천적으로 터득하게 된 경험과 사실들, 그리고 좌절과 절망들, 그것들은 천성적으로 긍정적인 나의 성격과 어우러져 묘한 형태를 만들어 냈다. 겉으로 보기엔 밝아 보이지만, 사실은, 아주 어둡고 훨씬 이기적이고 사람들이 생각하는 것과는 반대의 모습이다.

　　사람들은 그것을 모른다. 아무도 모른다.

예술. 나는 모든 예술을 사랑한다. 예술을 하다가 죽고 싶다. 예술가로 살다가 마지막까지 온 마음을 바쳐 예술을 하다가, 죽고 싶다.

　　아름답다, 하지만 밝은 아름다움이 아니라 고통스러운 아름다움이 느껴지는 그림을 그리고 싶다. 눅눅하고 슬픔이 느껴지는 아름다움, 그런 것을 그리고 싶다. 이 책의 성격은 내가 그림에 다시 고민하기 시작하면서, 조금 달라지게 되었다. 아마도, 달라졌을 것이라 생각한다. 단순히 이 책의 삽화를 위해서 어울리는 그림을 그렸는데, 그 끝은 어느새 그림, 그 자체에 대한 욕심으로 바뀌었다. 그래서 그것 역시, 나를 우울하게 만들었다.

　　그리고 예상하지 못했던, 또 다른 어떠한 감정이 불현듯 나를 찾아와서 괴롭히기 시작했다. 착각으로 시작하는 그것은 나의 기분을 들었다 놓았다, 마음을 아리게 만드는 재주를 부린다.

　　이 모든 것들을 가지고 내가 지금까지 가지고 있었던, 가지고 있는, 여러 가지 미친 생각들을 풀어볼 생각이다.

이 책은 에세이면서 시적 산문이다.

형식에 구애받지 않고 자유롭게 쓴 글이다.

사실, 이것은 취향의 글이다.

원래 가지고 있던 예민하고 우울한 성향은, 내가 직면한 현실과 상황들에 의해서 그 성질을 더 짙고 가파르고 날카롭게 만들고 있다. 내 모든 감정의 주체인 나를, 괴롭히고 있다. 괴롭다. 나의 감정을 붙잡으려고 애쓰는 것에 온 마음을, 온 하루를 쏟고 있다.
이것이 정상일까?
감정에 말려들면 낙오하게 된다, 는 나쓰메 소세키의 문장을 생각한다.
어쩐지, 소용없다.
하루가 무료하다. 일을 하지만, 일이 무료하다. 무료함으로 가득 차 있는 공간은 내 영혼을 갉아먹는다. 내 정신이 황폐해진다. 숨 막히는 공기가 나를 짓누른다. 무료함은 나를 나태하게 만들고, 우울하게 만들고, 감정의 노예로 만든다.

목차

혼자, 새벽 020

달, 달에 대한 예찬 034

My funny valentine 046

블루, 색에 대한 예찬 058

그대에게, 전합니다 064

아가페, 이브 068

눈 밑의 점, 주근깨, 그 야릇함 072

월요일 아침, 침대 위에서 080

마르그리트 뒤라스, '연인' 086

도쿄 소나타, 달빛 소나타 100

그대에게, 전합니다 108

표현주의, 에곤 실레, 그는 감탄과 질투다 (1) 116

표현주의, 에곤 실레, 그는 감탄과 질투다 (2) 122

몽상가 128

달빛은 이길 수 없어 148

수요일 저녁, 침대 위에서 154

목요일 밤, 자기 전, 침대에 누워서 든 생각 156

금요일 오전, 눈을 뜨자마자 든 생각 158

비 오는 일요일, 지하철 안에서 160

한 주가 지난 화요일 오전, 환상을 꿈꾸다 162

그렇게, 일상 164

영원한 뮤즈, 그녀, 팩토리걸 174

파랑의 꽃, 붉은색, 질투 190

달이 바뀐 월요일, 오랜만에 196

수요일, 한 시간씩 주기적으로 잠에서 깨어나며 198

밤 열한 시, 거의 열두 시를 향해 가는 시간에 202

입술 뜯기 214

수요일의 피곤함, 환각 224

약에 취한 목소리, 예술의 표현 232

이 세상의 것이 아닌 섬세함,

우울이 만들어 낸, 짙푸름 236

영원한 미(美)와 젊음, 유미주의 248

댄싱, 나는 자유를 꿈꾼다 260

환상, 하지만 실제였던 276

혼자, 새벽

요즘, 오롯이 하루를, 하루 종일을 혼자 보내는 일이 많아졌다. 말을 하지 않으니 생각이 많아진다.

상념이 많아진다. 혼자 있을 때 자기 자신에 대해 잘 알게 된다는데, 너무나 긴 시간을 혼자 있다 보니, 나에 대한 생각보다는 무료함에 지치게 된다.

요즘 우울하냐, 라는 말을 들었다. 어쩐지 분위기가, 뉘앙스가 우울해 보인다고 했다. 책의 주제가 우울인데, 좋아해야 하는 것일까. 나는 혼자 있는 시간이 참 많았다. 원래 잡생각이 많아서 평소에도 이런저런 쓸데없는 생각, 고민을 많이 하는 편인데 혼자 있는 시간까지 많아지다 보니 나의 내면에 대해서 그리고 나를 둘러싸고 있는 주위 환경에 대해서 여러 가지 생각을 할 기회가 많아졌다.

몇 년 전, 나는 여전히 우울한 감성과 나의 확고한 가치관으로 둘러싸인 나의 테두리를 가지고 있었다. 나라는 인격, 사람에 대한 믿음과 자신감과 그래도 활발하고 밝은 성격, 무엇보다 여유라는 것이 있었다.

그래, 여유. 내가 하고 있는 일에 대한 자신감과 자존감과 그것들로 인해 나를 밝고 여유롭게 보이게 해주는 분위기들, 그 모든 것들이 나를 둘러싸고 있었다.

아, 얼마나 활기차고 마음이 즐거움으로 밝게 떠 있었던가.

그러나 지금은, 지금은 어떠한가. 나의 인격에 대한 믿음, 이 조금 흔들리고 있다. 여유라는 것을 잃어가고 있다. 여유가 없어지니 나를 제외

한 모든 환경에 무감각해지고 있다. 주위를 둘러볼 조그마한 감정의 한 켠도 내주지 못하고 있다.

하지만 이것은 잘 드러나지 않는다. 나는 겉으로 밝다. 웃는다. 무엇인가 빠져있는 웃음이다. 마음은 웃지 않는다. 사람들은 이것을 모른다. 아무도 모른다.

나에게만 신경 쓰고 나에게만 집중하는 것, 그것은 너무 이기적이고 개인주의적인 생각인가.

누군가 나에게 말했지, 나의 입 가볍지 않은 무거움이 마음에 든다고. 여기저기 떠벌리고 소문내기 좋아하는 가벼운 사람이 아니라서 마음에 든다고.

그 말이 참으로 마음에 들었는데, 나 역시 그렇다고 생각하고 있었는데, 그것은 단지, 환경이 나를 힘들게 하지 않았기 때문일까. 나는 단지 환경이 편안했기 때문에 그런 사람처럼 보였던 것이고, 사실은 그렇지 않은 것일까. 여기에서 나의 인격에 대한 의문이 시작되었다. 그리고, 그것은 나를 힘들고 우울하게 만들었다.

　　혼자, 새벽.
　　마음이 일렁이는 시간. 고요하고 차갑고 은빛으로 둘러싸인 시간. 차분하게 나를 마주하는 시간.

　　새벽, 달.
　　달이라는 존재, 그것은 얼마나 무궁무진하고 사람을 잡아끄는 매혹적인 것인가.

　　달.
　　그것이 주는 시니컬하고 차갑고 아름다운 분위기와 뭐라 형용할 수 없는 이상야릇한 감정을 자꾸만 나에게 주는, 달이라는 존재. 그것보다 더 매력적인 것이 또 있을까. 나에게 자꾸만 영감을 주고 가만히 부르는 것만으로도 순식간에 마음을 사로잡는 이상한 존재여.

당신을 찬양한다.

다시 혼자, 새벽.

가만히 침대에 누워 생각을 한다. 이렇게 감정에 쉽게 동요되는 것은 감정을 제대로 통제하지 못하는 나의 문제인 것인가, 나는 감정에 휘말려 낙오를 한 것인가. 그리고 그다음에는 엄청난 민망함과 자책이 몰려온다. 내가 앞으로 어떻게 행동해야 하는지에 대한 의문도 함께 몰려온다. 뭐가 맞는 것인지, 뭐가 해답인지 뒤죽박죽, 생각이 이리저리 흔들린다.

새벽은, 어둠은, 차분히 가라앉은 고요한 적막감은 역시나 생각에 감상을 섞어 그것을 한층 더 불안정하게 만든다. 나는 요즘, 예전과 같은 모습으로 사람들을 대하고, 만나고, 웃지만 어딘가 균열이 생겼다는 것을 느끼고 있다.

왜, 타인에 대해 무관심하고 웃어도 진정으로 즐거울 수 없는 건지 나도 모르겠다. 한 살, 한 살

먹으면서 점점 세상에 무뎌지고 있는 과정을 겪는 중인가, 하는 생각을 해본다. 원래 타인의 감정에 민감해서 이런 변화에 쉽게 적응하지 못하는 것인가, 하는 생각을 해본다. 만약 그런 것이라면, 조금은 혼란스럽다. 복잡미묘한 감정이다. 이제라도 세상을 살기에 편한 태도로 변한 것은 참으로 다행스럽다. 내 것을 챙기고, 나를 우선으로 생각하고, 조금은 계산적으로 행동하고, 쓸데없는 관계는 맺지 않고, 아무에게나 친절하지 않고, 매사에 시니컬한 태도를 보이는 것,

    이것이 요즘의 내 모습이다.

    나는 친절한 사람이었다. 누구에게나, 잘 웃고, 마음을 쉽게 주고, 상처를 그만큼 또 쉽게 받는 그런 사람이었다. 혼자 잘해주고 혼자 상처받기를 잘했으며, 상대방의 친절에 그 이상의 친절을 주는 사람이었다.

    참으로 멍청했다. 무엇을 기대했던 것일까.

혼자, 늦은 새벽. 나는 생각의 깊은 동굴을 파고 내려가 그 안에 자리 잡는다. 어두컴컴하고 끈적끈적해서 쉽게 빠져나가지 못하는 그런 동굴로 들어간다.

기대, 사람을 가지고 노는 그 헛된 감정이여, 자신의 발밑에 사람을 두고, 뜻대로 멋대로 사람을 흔들리게 하는 그 부질없는 감정이여. 나는 얼마나 기대라는 것에 쉽게 흔들리고 상처받고 마음의 문을 닫았던가. 기대, 내 의지와는 상관없이 불시에, 불현듯 찾아와 아무런 노력 없이도 손쉽게 마음을 헤집는 그대는 진실로 간사하고 사악하다.

사람에게 기대를 하지 않는다, 애초에 멋대로 기대를 했기 때문에 실망과 배신감도 큰 법이다. 이것은 인생을 무난하게 살아가는 방법 중의 하나인 것일까 아니면, 상처받는 것이 두려워 지나치게 자신의 몸을 웅크리는 방어막을 보기 좋게 포장한 것일까. 사람에게 나도 모르게 기대하게 되는 것을 인위적으로 막는 것은 쉽지 않다. 매 순간, 의식하고 있어야 한다. 감정의 흐름을 잘 조절해야 한다.

    어쩐지 슬프다. 기계가 된 것 같다.

    여전히,
    혼자, 새벽.

    어둠, 숨어있던 내가 조금씩 나를 비집고 나온다.

    상상과 몽상이 비로소 거리낌 없이 빠져나온다. 누워있는 나를 천장에서 내려다본다. 그것들은 내 머리 위를 둥그렇게 둘러싸고 마치, 얇은 막을 씌우듯 정신을 어지럽게 만든다. 어두운 방 안, 실제로 일어나지 않는 나의 바람을 담은 그것들은 나를 더욱 슬프고 우울하게 만든다.

상상한다.

생각한다.

그에 대해서, 그 사람에 대해서,

My valentine,

잠들기 전, 불이 꺼지고 완벽한 어둠이 나를 짓누르면,

그 생각은 어김없이 찾아와 나를 괴롭힌다.

밤, 어둡고 고요하고 내 숨소리만이 살아 있는 내 방,

그리고 어떤 형식처럼 이제는 습관처럼,

그에 대해서 생각한다.

그의 눈빛에 대해서 생각한다. 그 눈빛을 떠올린다.

상상한다.

생각한다.

그와 가까워졌음을 느낀다. 매번 달라지는 어떤 상황에 의해서, 그와 나는 가까워졌다. 서로를 의식한다. 서로의 체온을 느낀다.

그의 몸을 느낀다. 그의 어깨를, 팔의 두께를

가늠한다. 내 허리를 감고 있는 그의 팔에 신경을 집중한다. 점점 힘이 들어간다. 조금 더 세게, 나를 끌어당긴다.

    눈이 마주친다. 열기, 뜨거운 열기가 방 안을 뒤덮는다.

찰나의 기쁨은 반짝, 빛을 내다가 사라진다.

아,

이런 망상, 상상은 얼마나 나를 괴롭게 하는지.

그것들은 이제 착각, 이라는 이름으로 모습을 바꾸어 어두운 밤, 내 방을 벗어나 나를 지독하게 따라다닌다.

…그것은 또 얼마나 사람을 비참하게 만드는가.

모든 것은 착각으로 시작한다. 그렇게 시작한다.

나의 비밀스러운 감정은 그를 보며 시작한다.

밤과 낮으로 이어지는 생각은, 점점 깊어진다.

괴롭다. 대답 없는 대상은 무관심하다.

나를 괴롭게 한다.

흔들린다.

마음이 흔들린다. 그를 생각한다.

마음이 떨린다. 계속, 그를 생각한다.

마음이 아려온다.

착각에서 시작된 마음은 막을 수 없다.

아, 달빛,

이런 망상, 상상은 끝까지 나를 괴롭게 하는지.

º   아직 미완성인 소설, '유어 보이'의 일부를 각색함.

달,

달에 대한 예찬

　맑지만 가볍지 않은, 깊이가 담겨진 울림을 가진 첫 음에 심장이 쿵, 하고 떨어졌다. 그 소리에 얇고 섬세한 유리가, 날카로운 소리와 함께 깨져 그 파편이 사방으로 튄다. 심장이 깨진 것인지, 분간이 되지 않는다.

　물이 천천히, 스민다. 달빛을 받은 호수의 깊은 아래까지 퍼진다.

　보라색. 차갑다.

　날카로울 정도로 시리고 차가워 슬픈 느낌이 든다.

　피아니시모(pp)의 아주 여린 세기는, 끝을 알 수 없는 아래로 떨어지는 듯함에 오히려 포르테(f)의 세기로 들린다. 하지만, 섬세하고 절제된 감정의 조절로 모가 나거나 튀는 것이 없다.

어둠, 홀로 은색의 빛을 받고 있다.

Adagio sostenuto,

느리면서 침착하지만 결코 끊어짐이 없다. 달빛이 무겁게 둥, 소리를 내며 떨어진다. 달의 불안하고 연약한 감정, 우울하고 불안한 감정이다. 바람이 지나간다. 온 사방의 고요함을 결코 흔들지 않으려 바람은 조심스럽다. 그들은 고뇌한다. 그들은 서로 다른 박자로 움직인다. 그것은 마치, 흐느끼는 듯하다.

소름.

끝이 보이지 않는 소름이다. 운 좋게 그 자리를 지나가는 누군가, 혹은 달을 가만, 바라보고 있는 누군가의 손등에 난 작은 솜털까지 얼어붙게 만드는 소름이다. 아름답다.

어느새 바람은 사라져 물결이 잠잠해졌다. 달은 고뇌하는 마음을 담아 심연으로 가라앉는다.

그 사이로, 구름이 천천히 흐르듯이 지나간다. 지금은 그것이 주인공을 대신 맡았다. 모든 것은 같은 느낌으로 흐른다. 그리고 구름이 완전히 지나가자 다시 천천히, 달이 물 위로 떠오른다.

    리스트는 이렇게 말했다. 두 심연 사이에 핀 한 송이 꽃.
    가볍고 산뜻한, 온화한 은색 빛이 잠시 흩뿌려진다.

Presto Agitato,

새벽이 깊어진다. 달빛이 짙어진다. 순식간에 격렬하고 매우 빠른 움직임이다. 그것은 몰아치는 듯한 트레몰로와 트릴, 그 사이의 스타카토 움직임이다.

좌절과 분노, 잃어가는 것들과 이루어지지 못한 것들에 대한 터질듯한 감정이 불안과 고뇌를 담았던 이전의 달빛을 부숴버리고 있다. 사랑, 이루어지지 못한 사랑, 그것은 잔잔한 물결에 거친 파도를 만든다. 격정적인 마음이 마침내 달을 조각내버리며 막을 내린다.

그대에게 이 떨림을 어떻게 전해야 할까요,

그대, 가만히 하늘을 향해 고개를 들어 봅니다.

나를 내려다보는 당신을 눈에 담는 나의 떨림을,

마음을 아실는지요,

한 번만, 그대 가까이에 갈 수 있다면 얼마나 좋을까요,

우리의 거리는 이다지도 멀어 감히 그 거리를 상상할 수조차 없습니다.

한 걸음, 다가가도 그 자리에,

두 걸음, 더 빠르게 걸어봐도, 여전히 그 자리에,

혼자 애타는 마음은 대답을 들을 길 없어 그 자리만 빙글빙글 돌고 있습니다.

나의 뮤즈,

나의 영원하고 절대적인, 오직 단 하나의 뮤즈,

그대를 생각하며

낭만을 떠올리고, 환상을 얘기하고, 둘 곳 없

는 마음에 우울해지고,

시를 읊고, 예술가가 됩니다.

My funny valentine

어떻게 설명해야 할까, 이 기분을,

이 기분은 뭐지,

무심한 듯, 담백한 듯, 몽롱한 낭만 위를 떠다니는 듯,

환각,

나른하고 멜랑꼴리하게 만드는 환각에 빠져든다.

목소리, 그 목소리가 나를 어쩌지 못하게 하는구나.

그는 낮게 읊조린다. 허스키한 목소리에는 텅 빈 공허, 그리고 묘하게 야릇한 우울함이 담

겨있다.

아무도 흉내 내지 못하는, 쉽게 가지지 못하는 분위기다. 목소리는 속삭이듯 귀를 간지럽혔다가, 그 미세한 작은 떨림을 남긴다.

이것은 꿈을 꾸는 것일까.

이 몽롱함과,

그것은 따뜻하고 폭신한 느낌과 형태를 띠고 부드러운 우울함 속에 긴장을 사라지게 만든다.

이것이 꿈이라면 빠져나오고 싶지 않구나.

의식을 내려놓은 채 그저 목소리의 흐름에 몸을 파묻는다.

느림, 결코 빠르거나 급하지 않은 느린 템포,

어둠, 먼지에 가려 뿌옇게 빛을 발하는 주황색 전등,

이 분위기, 유리잔, 투명한 무색의 술, 담배 연기, 흐려지는 눈빛,

여기는 어둡고 축축하고 습하고 눅눅한 냄새와 분위기에 눌린 작은 공간이다. 숨소리가 공기

에 녹아들어 축축함을 한층 더 끈적하게 만든다. 숨을 턱, 하고 막히게 하는 냄새, 그것에 익숙해지면 약간의 시원함이 느껴지는 알코올 냄새가 불어온다.

　영원,
　나는 희망한다, 영원을,
　여기 이곳에서 영원이 지속되기를,
　이 나른한 리듬이 주는 무의식 속에서 깨지 않기를,
　아, 그러다가, 불현듯,
　눈빛, 그의 눈빛을 떠올린다. 묘하게 반짝거리는 눈빛은 우울하다. 그것은 우울함이다.
　우울이 깊어질수록 눈빛은 더 반짝인다.

　슬픔이, 그의 표정에 나는 순식간에 슬퍼지고 만다. 그러면 나도 모르게 함께 읊조리게 되는 것이다. 언어라고 할 수 없는, 말도 아니고 음악도 아닌, 드문드문 내뱉는 감정의 분출 도구, 어떻게

든 형태로 만들어지고 싶은 표출 의지, 내 의지와는 상관없이 불쑥, 튀어나온다. 어떻게 이런 감성을 가질 수 있을까, 잠에 취한 듯, 약에 취한 듯, 몽상에 빠져든다.

Chet Baker.

Almost Blue.

Almost blue,

이보다 더 잘 어울리는 말은 없다,

Almost blue,

가만 되뇌어 본다.

블루,

우울을 나타내는 색깔, 나는 파란색을 좋아한다.

울트라 마린의 그 쨍하고 청량함이 감도는, 감히 한없이 투명에 가까운 블루, 라고 말할 수 있는 색도 좋고, 인디고블루, 프러시안블루가 보여주는 깊고 깊은 어두움과 보는 마음을 착, 가라앉게 만드는 매력도 좋다.

그는 블루, 그의 목소리는 회색에 은은하게 녹아든 블루의 색이다. 회색으로 뒤덮인 공간은, 마찬가지로 회색의 크고 거친 입자들로 이루어진 공기로 채워져 있다. 그 거침은 하지만 날카롭지 않아서 오히려 부드럽다. 그리고 블루, 거친 입자들 사이로 파고들어 반짝거리는 밤하늘에 흩뿌려진 별처럼 보인다.

Almost blue.

My funny valentine,

사람이라는 동물은 참 알다가도 모를 존재다. 특히, 나 자신은 더더욱 모르겠다. 어떤 것이든 확신, 이라는 것을 성급하게 내리면 낭패를 보게 된다. 내가 지금까지 나의 취향과는 너무나 달라서 전혀, 라고 생각했던 것들을 뒤늦게 좋아하게 된 적이 얼마나 많았던가.

나의 오래된, 이미 지나가 버리고만 빛바랜 소망 중의 하나였던 재즈 피아니스트, 그것을 꿈꿨던 시절로 돌아가 본다. 영화 위플래쉬, 라라랜드로 재즈 피아니스트라는 직업을 사람들이 생각해 보기 훨씬 전, 나는 그것을 소망했다. 그 자유로움과 소통하는 기술을, 동경했다. 재즈는 자유였고 인간의 본성이었고 소통하는 대화였고 나에게, 소름이었다. 연주자들은 엄청난 재능을 가진 사람들이었고 느낌에 따라 표현하는 능력은 어마어마하게 크게 다가왔으며 또한 매력적이었다. 그것은 결코 쉽지 않았다. 피아노의 애드리브 연주와 콘트라베이스의 소리를 골라서 듣는 것은 또 다른 흥분과 재미였다. 낮게 울리는 콘트라베이스는 그 자체로 사람을 끌어당기는 힘을 지녔다.

    기본적으로 알고 있어야 하는 곡들을 그렇게나 많이 들었음에도, 절대 내 취향이 될 수 없었던 곡이 하나 있었는데, 그것이 바로
My funny valentine, 이 곡이다.
    음울함이 기분 나쁘게 귀를 타고 스멀스멀 올라온다. 멜로디도 정확하게 잡아낼 수 없어 이것이 무슨 음인지 모르겠다. 어째서, 라는 의문이 머릿속을 맴돌았다. 왜, 이런 알 수 없는 곡이 유명한 것인지, 이해할 수 없었다. 그런 시절이 있었다.

    나에게 처음 몇 마디만 듣고 절대 듣지 않을 음악, 이라는 생각을 심어 주었다. 어떤 연주가가 되었든, 그것이 첫인상이었다.
    이렇게 나는 지금 낭패를 보게 되었다. 이 곡

을 얼마나 좋아하는지, 과거의 나는 상상도 못할 일이다.

반음의 연속과 반복으로 이루어진 멜로디의 모호한 선율은 사람의 흐느낌처럼도 들린다. 도입부부터 예사롭지 않다. 그 흐느낌과 모호함이 주는 야릇함, 귀를 타고 스멀스멀 퍼져가는 독특한 공허, 상실감에 묘하게 빠져든다. 아, 나는 이 느낌이 미치도록 좋다. 말로 완벽하게 표현할 수 없는 이 느낌.

어떤 단어로도, 화려한 미사여구로도 표현할 수 없는 감정이라는 것이 있다. 어설픈 단어로 설명하려다 김이 새버리고 마는, 감정을 사그라지게 만드는 것은 악행이다.

블루,

색에 대한 예찬

블루,

그것은 그 자체로 세련됨을 가진다. 도도하고, 기품 있고, 함부로 할 수 없는 분위기를 풍긴다.

단지, 보는 것으로도 바람의 움직임이 느껴지듯, 기분을 시원하게 만들기도 하고, 또 어떨 때는 우울함을 더 진하게 만들기도 하고, 오히려 그 우울함을 위로하는 것처럼 따뜻하게 느껴지기도 한다.

사람의 마음 상태에 따라서 그 분위기를 다르게 전달하는 신비로운 색이다.

신비롭고 몽환적인 색,

신앙의 색이면서 화가들이 사랑했던 색,

많은 사람에게 영감을 주는 색,

블루, 파랑.

나는 시리도록 차가운 블루의 색을 좋아한다. 너무나 시리도록 차가워서 보는 사람의 심장마저 날카로운 얼음에 찔리듯, 순식간에 모든 온기를 빼앗기고 숨이 멎게 만드는, 그런 블루의 색을 좋아한다.

아니면 너무나 맑은 푸름을 간직하고 있어, 그 순수하고 때 묻지 않은, 사람의 눈을 멀어버리게 만들 것 같은 진한 빛을 뿜어내는, 그래서 오히려 투명해 보이는 착각을 일으키는, 그런 블루의 색을 좋아한다.

푸름을 가지고 이렇게도 저렇게도 표현을 할 수 있는 블루, 그것은 얼마나 대단하고 매력적인 색인가.

르네상스 시대부터 많은 화가들과 예술가들이 사랑하고, 그림에 사용하기를 기꺼이 환영하

였던 파란색, 나 역시 이 매혹적인 색상에 사로잡히는 것을 기쁨으로 받아들인다.

울트라 마린,

수많은 파랑의 종류 중에서 특히 좋아하는 색이다. 울트라 마린은 모든 것을 생명력 넘치고 생생하게, 생동감 넘치도록, 죽어가는 것에 생명을 불어넣는 그야말로 아주 특이한 색이다. 누구든지 한 번이라도 울트라 마린을 알게 된다면 절대 잊어버리지 못할 것이다.

황금보다 더 비싸게 팔렸다는 울트라 마린.

바다 멀리, 라는 뜻을 가진 이름에 걸맞게 그 빛깔은 태초에 신이 이 세상에 축복을 내릴 때 모든 기쁨과 환희, 영광과 행복을 온전히 내린 것이 분명하다. 감히, 신들이 노력을 들여 창조한 아름다운 선물이라 칭한다고 해도 전혀 이상하지 않은 신비로움이다.

푸름이 푸름을 넘어선 독보적인 눈부심이다.

파랑에 속한 순수, 그 순수함의 결정체다.

인디고블루,

모든 것이 세련됨으로 뒤바뀌는 마법의 시간, 모든 것을 차분하고 침착한 화려함으로 바꾸는 이지적인 색. 그러면서 자신도 모르는 사이에 늪의 굴레에 갇히게 만드는 기묘한 색. 그 늪은, 가늘고 날카로운 가시가 돋아 있는 말라빠진 가지를 가진 회색의 나무로 둘러싸인 늪이다. 혹은, 색을 잃어가는 녹색의 색이다. 늪의 중심부로 다가갈수록 인디고블루의 진하고 농도 짙은 점성은 더 끈적해진다. 그 깊은 심연으로 초대한다.

글루미, 블루,

밤의 하늘,

군데군데 서늘한 빛을 품은 밤의 하늘, 인디고블루. 그와 반대되는 강력한 오페라의 분홍과도 모난 점 없이 어울린다. 만물의 중심을 잡아주는 축이 되는 힘 있고 강인한 존재로서 의심할 여지가 없다.

파랑,

그것은 참으로 순수하고 동시에 우울하고, 꿈 같은 색이구나.

그대에게, 전합니다

오늘 하루 종일, 내가 얼마나 마음 졸이며

썼다 지웠다,

지웠다, 썼다,

바꿨는지 모르실 겁니다.

사실은,

오늘이 아니라 어제부터 다짐했던 것이었습니다.

내일은 꼭 보내야지,

내일은 꼭 먼저 연락해야지,

계속 다짐하고 미루다 결국, 오늘이었습니다.

눈을 뜨는 순간부터

그 생각밖에 없었습니다.

밖에 눈이 내립니다.

어느새, 밖에 어둠이 짙게 깔리기 시작합니다.

아침부터 지금까지

계속 썼다, 지웠다, 다짐했다,

이것만 반복하고 있습니다.

저는

용기가 없어서,

그대 마음을 잘 몰라서,

고민만 하다가 결국 마음을 전하지 못했습니다.

당신은 모르겠지요.

어떤 말을 해야 할지 몰라서,

혹여,

답이 오더라도 그것이 너무나 차갑고 냉정하고 마음을

얼어붙게 만들까봐, 기대를 저버리는 대답이 돌아올까 봐서,

그것이 너무 무서워

용기 내지 못했습니다.

후회합니다.

어떤 대답이 돌아올지, 얼마나 또 용기를 내고 마음을 졸여야 할지

갈피를 잡을 수 없지만,

그보다 더 그대의 마음을 얻고 싶음이 커서,

내일, 또다시 다짐합니다.

아가페,

이브

    금색 하늘을 붉게 물들이는 구름, 달.
    오케스트라의 협주곡,
    그 막이 오르는 경건함,
    숙연함에 나도 모르게 두 손을 모은다.
    가슴이 미어진다.
    세상천지가 고요해지고,
    하지만 순식간에 천지를 뒤흔드는
    굉음,
    그것은 무너져 가는 세상을 위한 작은 외침,
소망, 바람.

    금색 하늘을 물들이는 붉은 구름, 달,

오케스트라의 협주곡,

그 막이 오르는 경건함,

숙연함,

오케스트라의 협주곡, 그 막의 끝을 알리는

천둥소리,

그리고 마침내, 멈췄던 숨을 내뱉는

가는 숨소리,

공중으로 사라지는 가는 실낱.

눈 밑의 점, 주근깨,
그 야릇함

　지하철을 탔다. 문이 열리자 단박에 나의 시선을 사로잡는 여자가 있었다. 여자는 한 손에 소설책을 들고 있었는데, 하얀 얼굴은 윤기가 흘렀다. 양 볼은 발그스름했으며, 연한 갈색빛이 맴도는 앞머리는 보기 좋게 말려 두 눈썹 위를 가지런히 덮고 있었다. 그보다 더, 눈길을 사로잡는 것은, 그 뽀얀 얼굴 오른쪽 눈 아래에 있는 점, 두 개의 점이었다.

　보기 좋게 각자의 위치를 잡은 두 개의 점은 눈 아래에 나란히 박혀 여자의 얼굴을 굉장히 매력적으로 만들고 있었다.

　그토록 매력적으로 다가왔던 점이 있었을까,

발랄한 것인가, 어째서 나를 그렇게 사로잡았나.

그 순간, 나는 눈 아래에 있는 점, 그것에 완전히 사로잡혔다.

잡티 하나 없는 매끈한 얼굴, 거기에 투명함을 갖춘다면 더할 나위 없이 완벽한 얼굴의 조건을 가진 것이 아닌가. 이런 얼굴은 감탄을 불러일으킨다.

하지만, 그것은 잘 빚어낸 조각상을 감상하는 것과 비슷한 느낌을 준다. 만질 수도 없고 그저 지켜보는 것밖에 할 수 없는 존재다. 곁에 두고서 친근하게, 발랄하게, 생기 넘치는 그 생명력을 전하는 매력, 살아 숨 쉬는 매력적인 존재, 그것은 건강한 피부 위에 돋보이는 눈 밑의 점들, 그리고 양 볼 위에 흩뿌려진 연한 갈색의 주근깨다.

이 모든 것은 지하철에서 그 여자를 보고 나서부터다. 그 강렬한 이미지가 너무나 깊이 들어와 박혀서 쉽사리 잊히지 않는다. 그날 아침, 우연히 본 소설책을 든 여자의 모습, 그것은 재기발랄함, 조용한 소녀 같음과 색색의 둥근 과일이 터지는 것 같은 과즙의 싱그러움, 그 독특한 매력, 하나의 그림처럼 눈앞에 펼쳐진다.

같은 표정을 순진하게, 그러면서 동시에 야릇한 분위기를 풍기는 것처럼 보이게 하는 최고의 도구, 여자는 그것을 가졌다.

눈 밑에 난 두세 개의 점은 색(lust)의 향기를 풍기며, 나를 빠져들게 만들었다. 내 얼굴에 나 있는 모든 점을 빼고 눈 밑에 점을 심을까, 하는 충동을 느낄 정도다.

눈 밑의 점이 색의 향기라면, 연한 갈색의 주근깨는 야릇함이다. 퇴폐다. 한 치의 빈틈도 보이지 않는 매끈한 피부보다 어쩐지 무방비하게 보이는 것이 야릇하게 보인다. 상상한다. 헝클어진 머리카락, 약간의 곱슬기가 섞인 긴 머리카락이다.

색깔은 검은색, 혹은 짙은 갈색, 붉은색. 보기 좋게 뒤엉켜 적당한 볼륨감을 만들고 있다. 하얀색의 침대 커버와 그 위로 보이는 장난기 섞인 표정에 담긴 의미는 무엇일까. 살짝 웃음 띤 얼굴은 주근깨와 어울려 마구 흐트러진 풍경이 된다.

내 앞에서 걷고 있는 여자,

그녀의 한 쪽 팔에는 자두가 담긴 바구니가 들려 있다.

그녀는 자두를 파는 거리의 여자다.

대충 묶어 올린 머리카락은 몇 가닥, 그녀의 어깨 위로 내려앉았다.

붉은색의 곱슬곱슬한 머리카락이다.

자연스러워서 오히려 멋스러워 보인다.

여자는 살짝 고개를 돌려 옆을 쳐다보았다.

창백하리만치 하얀 피부다.

여자의 콧등과 눈 아래, 볼의 중앙까지 연한 갈색의,

아니, 연한 카키색의 주근깨가 덮고 있다.

여자는 새침하기도 하고, 발랄하기도 하다.

여자의 조금은 낡은 듯한 주황빛의 치마,

그 색깔의 조화로움이 편안함과 목가적인 느낌을 준다.

자두를 한 입, 베어 먹는다. 자두를 팔려는 의지는 보이지 않는다.

여자는 자유분방하다.

춤을 추듯, 가벼운 발걸음은 리듬을 담고 있어,

여자는 거리의 주인공이 되었다.

월요일 아침,

침대 위에서

눈을 뜨자 불현듯 든 생각.

내 입에 닿는 말랑한 입술의 감촉이 그립다.

그는 어떨지 궁금하다.

내 입술에 그의 입술이 닿았으면 좋겠다.

Jane March.

L'Amant. The Lover.

표정이 없는 Lady.

마르그리트 뒤라스, '연인'

표정이 없는 Lady 맘을 열어봐

왜 자꾸만 시선을 피해 나를 바라봐

알잖아 네가 없으면 너만 찾는 날

더는 참을 수가 없는 오늘

망설이지 말고 좀 더 다가와

두려움은 떨쳐봐

한 번만 내 두 손을 잡아봐

지금 내 옆에 네가 아닌 다른 여자는 필요 없는 내 진심을 좀 알아줘

투엘슨 'The lady'

나는 어째서인지 영화 <연인>을 생각하면 이 노래의 가사가, 멜로디가 떠오른다.

양쪽으로 땋은 가지런한 양 갈래머리, 베이지색에 짙은 녹색의 띠가 둘러진 남성용 중절모자, 그리고 새빨간 입술, 몸의 크기보다 훨씬 큰 원피스, 그리고 표정이 없는 소녀의 얼굴.

표정이 없는 얼굴,

제발, 나에게 마음을 열어 주세요.

첫사랑, 첫 남자,

여자는 문득, 처음으로 그 쾌감을 알게 해 준 남자를 기억한다. 여자에게 그 남자는 첫 남자였다. 어느 정도 예상은 했지만, 그것은 예상하지 못한 날, 찾아왔다. 여자는 알고는 있었지만, 아직 실제로 경험해 본 적은 없어 막연히 궁금해하고 있던 터였다. 어떤 기분을 겪게 될 것인지, 전과 당시와 후가 어떻게 다를 것인지, 그것에 대해 뜬구름을 잡던 중이었다.

남자와는 우연히 만났다. 짧은 기간, 스쳐 지나갈 인연은 여자의 작은 부탁으로 연장되었다. 남자의 눈에 여자는 반항기 가득한 생각과 표정, 현실에 자아를 빼앗겨 버린 많은 사람들과 다른 모습이었고, 그것에 흥미가 생겼고, 어느 정도 자신과 닮은 부분이 있다는 것을 알게 되었다.

정상적인 사람은 아니다, 라고 생각했다. 여자는, 남자가 건강한 환경에서 자란 것은 아니라는 것을 느꼈다. 그의 말을 들으면서 그의 표정을 보면서 자연스럽게 느낄 수 있었다.

위험할까,

여자는 잠시 생각했다.

이 남자와 인연을 맺어가는 것이 위험할까, 에 대해서 생각했다.

여자는 표면적으로는 남자와 반대의 환경에서 자랐는데, 그것이 여자에게 약간의 경계심을 불러일으켰다. 하지만 여자의 호기심은 남자에게 빠지는 것을 부추겼고 그 후의 상황에 대해서는 운명에 맡기도록 만들었다.

여자는 어렴풋이 느꼈다.

남자가 자신에게 원하고 있는 것이 무엇인지, 여자는 본능적으로 깨달았다.

그것은 여자 역시, 남자에게 원하고 있던 것이었다.

여자는 남자를 슬쩍 떠보기만 하면 되는 것이었다.

남자는 여자에게 위로를 원한다고 했다. 위로를 해주었으면 좋겠다, 고 했다. 남자가 원하는 것은 단 몇 마디의 말로 다독여 주는 것이 아니었다. 남자는 여자를 슬쩍 떠보았다.

여자와 남자, 두 사람은 서로를 떠보았고 그것을 덥석 물 것이라는 것 또한, 모두 알고 있었다.

남자는 여자에게 애원했다. 여자는 줄 듯 말 듯, 남자를 애태웠다. 두 사람은 언제고 곧 끝날 수도 있는, 아슬아슬한 줄다리기를 하는 중이었다. 여자는 감이 좋았다. 좀 더 시간을 끌면 남자가 떠날 것이라는 예감이 들었다.

그것은, 자연스럽게 시작되었다.

빛이 없는, 어둠이었다.

남자와 처음 입을 맞추었던, 그 장소였다. 남자가 마음을 먹은 듯, 저돌적인 태도로 몸을 돌려 뭔가의 시작을 알렸던 그때,

빛이 없는, 어둠이었다.

남자는 조심스러웠다. 여자를 만지는 남자의

손길은 무척이나 조심스럽고, 또 조심스러웠다. 여자는 남자의 손이 닿을 때마다 긴장했지만, 이미 마음을 먹고 있었다. 여자는 이것을 하나의 기회라고 생각했다.

    지금까지 떠도는 허공에 대고 의미 없는 손짓을 한 것 마냥, 알고 있지만 정말로 알지 못했던 그것을 알게 되는, 바로 그, 기회였다. 여자에게 이미 내일은 없었다.

    남자는 잠시 여자의 눈치를 보았다. 여자는 고개를 옆으로 돌렸다. 그 짧은 순간에도 서늘한 정적이 찾아와 두 사람을 어색하게 만들었다. 남자의 동작은 빨라졌다. 어둠 속에서도 남자의 행동은 정확했다. 여자의 때 이른 얇은 리넨 원피스는 순식간에 흘러내렸다.

    남 앞에서 완전히 벗겨진다는 것이 이런 기분이구나,

    여자는 생전 처음으로 느꼈다. 내 민낯, 내 치

부, 모든 것이 까발려지고 있지만 내 힘으로 막을 수 없는 느낌, 그것은 두려움과 수치심과 부끄러움, 굴복감 같은 것이었다. 그것은 썩 달갑지 않은 더러운 느낌이었다.

여자는 차라리 눈을 감았다. 눈을 감고 남자에게 매달렸다.

여자는 처음이었지만 그동안의 상상들과 이미지로 만들어 놓은, 능숙한 여자가 할 법한 행동들을 그 짧은 순간에 떠올리고 따라 하기 시작했다. 실제 주인공이 되어 드디어 그동안 갈고 닦은 연기를 펼치기 시작했다. 여자는 남자보다 어렸지만, 그것은 중요하지 않았다. 여자는 이미 충분히 연습을 했으며 그것을 따라 하는 것은 전혀 어려운 일이 아니었다. 여자의 마른 몸은, 하지만 좋은 굴곡을 가지고 있어 남자가 매력을 느끼기에 모자람이 없었다.

여자는 아직 서투르다,

여자보다 조금 더 경험이 많은 남자가 그것을

모를 리가 없었다. 여자는 모르는 것이 많았다. 여자의 어설픈 행동, 그것은 남자를 묘한 기분으로 만들었다. 동시에 어떠한 안도감과 여자에 대한 믿음이 조금 커지게 되는 효과를 만들었다.

이것이 끝이 아님을 직감하고 있었다.

남자, 여자,

두 사람 모두.

이 장소, 빛이 없는 어둠, 방음이 되는지조차 의심하게 만드는 작은 공간, 약간은 더운 듯한 공기, 사람들이 지나가는 소리를 들으며 누워있는 침대, 베이지색 벽지, 마찬가지로 베이지색 이불,

그리고, 약간의 아픔, 그것은 익숙해질 아픔, 통증, 떨림, 땀에 젖은 침대, 몸 위로 떨어지는 땀방울,

이 모든 것들이 곧 익숙해짐을 직감하고 있었다.

모든 것은 새로운 경험이었다. 남자는 여자에게 자신의 환상을 하나씩 실현해 나갔다. 여자는

남자의 로망이 되었다.

반복,

어둠 속의 반복이었다. 늘, 반복되었다. 여자와 남자는 매일 만났다.

여자는 모든 것을 다 알게 된 것 같은 기분이었다.

자신이 상상했던 것처럼 황홀하거나 환상적이지 않다는 사실을 알게 되었다. 그것은 여자를 메마르게 만들었다. 여자는 아직 어렸다. 여자의 나이는 어리지 않았지만, 여성미를 풍기면서 알게 되는 기쁨과 쾌감, 여자로서 아직 성숙하지 못했다. 여자는 남자와의 만남을 끊지 않았다. 아직은 때가 아니었다. 남자를 통해서 능숙해지는 자신을 느끼고 있었다. 그리고 그것은 여자를 만족시켜 주었다.

여자의 행동은 엄청난 힘을 발휘했다. 남자는 완벽하게 사로잡혔다. 남자를 완벽하게 사로잡았다는 확신, 여자는 자신에게 안겨 있는 남자를 가만히 내려다보았다. 남자의 머리카락을 손가락으로 쓸어내리며 미소를 지었다.

　베이지색 이불은 조금 더 얇은 하늘색 이불로 바뀌었다. 약간은 더운 듯한 공기는 습기를 품어 더욱 끈적거리고 끈끈한 열기를 내뿜고 작은 움직임에도 금방 두 사람을 빨갛게 상기시켰다.
　여자는 다른 것을 원하기 시작했다. 남자는 너무 무미건조했다. 여자에게 더 이상 특별함을 주지 못했다. 잃을 것 없는 익숙함이 빛바래지는 것은 결국 감정이 바스러지는 것, 쓸쓸함조차 들지 않는 마음에 대한 슬픔, 흩어져 사라지는 것이다.
　여자는 남자를 떠날 때가 되었다고 생각했다.

　… 이미 몇 년도 더 지난 일이지만, 여자는 남자의 마지막 모습을 기억한다. 자신의 마지막 모습도 기억한다. 익숙함을 벗어나는 것은 마음에

무거운 짐을 지는 것과 같은 것이었다. 누구도 붙잡지 않았다. 남자에게는 여자가 없어도 흘러가는 현실 역시 중요한 것이었다. 누구도 먼저, 말하지 않았다.

그저 서로의 감정을 느끼고 있을 뿐이었다. 그것은 자연스러움이었다.

텅 빈,

어떤 단어를 생각해도 그 앞에는 텅 빈, 이라는 수식어가 붙었다. 여자는 갑자기 숨이 막혀오는 것을 느꼈다. 공기가 순식간에 사라지는 느낌, 아무도 없는 좁은 공간에 숨 막혀 죽어가는 자신의 모습이 떠오르는 숨 막힘이었다. 여자는 자리에서 일어났다. 심장이 딱딱해져갔다. 여자는 느꼈다. 심장이 숨 쉬지 않는 느낌은 처음이었지만 설명하지 않아도 알 수 있는 괴로움이었다. 공기에 짓눌려 갔다.

공기가 작은 입자를 부풀려 작은 공간을 조금의 틈도 남기지 않고 채우려는 행위를 하는 순간에, 여자는 그곳에서 짓눌리는 것이었다.

여자는 눈물을 흘렸다. 남자가 떠올랐다. 남자의 모습이 생각났다. 새로운 것들에 던져진 마음은 익숙함을 찾고 있었다. 여자는 남자를 다시는 만나지 못할 것임을 알고 있었다.

슬픔,

여자는 주저앉았다. 여자는 계속 눈물을 흘렸다.

남자는 여자의 첫사랑, 첫 남자였다. 그것은 뒤늦게 깨달은 여자의 눈앞에서 끝이 났다.

도쿄 소나타,
달빛 소나타

뿌옇게 낀 안개, 인상주의, 낭만주의,

검은색 그랜드 피아노, 가운데 페달, 페달을 반만 밟은 소리, 흰색 커튼이 바람에 흔들리는 유리창, 보라색이 섞인 남색 표지의 악보, 월광 같은 곡이었으면 좋겠다, 정말 달빛 소나타가 흘러나왔을 때의 놀람, 영롱함, 구슬이 빛에 반사되어 반짝이는 무지갯빛 영롱함, 건반 위를 가볍게 뛰어다니는 물방울.

넌 내 현실도피야,

그대에게, 전합니다

같은 요일, 같은 시간,

같은 장소입니다.

날짜만 훨씬 지난 지금,

변한 것은 날짜와 저의 마음이겠지요.

그대에게 다시 전합니다.

그대를 향한 저의 마음이 제 마음대로였듯이,

저를 향한 당신의 마음 또한

그대의 마음대로겠지요.

그 마음이 저와 다름에,

어떻게 강요할 수 있을까요.

다만, 저는 잘 모르겠습니다.

그대의 행동에 담긴 정확한 의미를요,

저는 그대의 행동에 금방 속아서 하루 종일,

그다음 날, 또 그다음 날,

계속 설렜던 마음을 끌고 갑니다.

네,

그대의 행동에 착각했습니다.

저는 저만의 생각에 빠져들고 말았습니다.

어떻게 그것을 막을 수 있었을까요.

마음이 아픕니다.

그대의 거절을 알아채지 못하는

눈치 없는 사람이 되는 것은 너무나 싫어서,

저는 단념하려고 합니다.

이제는 확실하게 알았습니다.

사소한 행동에 의미를 담고, 혹여나,

기대하는 마음을 이제는 접으려고 합니다.

제 마음이 그대에게 보였기를,

제가 단념하는 것이 맞는 일이기를,

바랄 뿐입니다.

모든 것은 인상주의다. 인상주의, 그것에서 출발한다.

어느 날 아침, 우리 중 누군가는 검은색이 부족했고 파란색을 사용했다. 인상주의는 그렇게 탄생하였다.

- 르누아르

나는 표현주의로 가고 싶다.

표현주의,
에곤 실레, 그는 감탄과 질투다 (1)

 이제는 습관 혹은 의무처럼 되어버려서, 어쩐지 마음에 걸려서, 더 이상 그냥 넘길 수 없는 그런 것, 하고 싶을 때마다 하는 선택이 아니라 하루에 무조건 해야 하는 일상이 되어 버린 것,
 그것이 내 발목을 붙잡고 족쇄처럼 나를 고통스럽게, 끝도 없이 고민하게 만들고 있다.

 시작은 늘 단순하고 간단한 생각과 단단한 의지로 이루어진다. 그리고 나에겐 오랜 시간 마음속에 담아두다가 불현듯 튀어나오는 충동적인 것이었다.
 생각해 보니 그림을 그린 지 꽤 오래되었다.

아득할 정도였다. 다시 그릴 수 있을까, 하는 의심은 어쩐지 확신이 되어갔다.

그 사실을 깨달은 순간, 시작되었다.

그림을 다시 그리기 시작했다.

고통스럽다.

매일을 그려야 한다는 압박감, 퇴근하고 밤 늦게 돌아오자마자 그림부터 그리는 패턴, 지키지 못하게 되면 나와의 약속을 어겼다는 죄책감,

그것들은 점점 크기가 커져 무겁다는 느낌을 줄 정도로 존재감을 각인시키기 시작했다.

그림, 에 대해 온전히 집중하지 못한다. 이런저런 압박에 나는 뭉개져 갔다.

외적인 것들에 의해 숨 막혀 갔다.

나는 짓눌렸다. 하지만, 그만둘 수도 없었다. 여기서 불행은 시작된다. 마음 편히 그만둘 수 없어, 어느새 내 일부가 되어 이것은 평생 가지고 가야 할 것이 되었다.

여전히 퇴근하고 늦은 밤, 평소와 똑같은 하루, 내방, 매일 그림을 그린다고 정리하지 못한 방, 책상 앞, 마찬가지로 제멋대로 굴러다니는 색연필, 좁은 책상을 버티지 못하고 바닥으로 떨어져 부서진 색연필, 연필, 대략 40장 정도의 그림들,

나는 문득, 이런 생각을 한다. 이 40장 가까운 그림들은 나에게 약간의 불쾌한 기분을 준다. 생각지도 못했던 것이다. 들쑥날쑥 제멋대로다. 특징 없이 그려진 그림이다. 보이는 것을 그대로 그리는 것은 도대체 무슨 의미가 있으며 그 그림은 마찬가지로 어떤 의미가 있는지,

어떤 의미가 있을까?

절망스럽다. 어떤 그림인지 모르겠다. 마음에 들지 않는 그림들이다. 나는 내 그림이 마음에 들지 않는다.

이것은 남들에게 위로를 받고 싶어서 하는 말이 아니라, 정말 나는 그림을 잘 그리지 못한다. 그것을 깨달았다. 나는 그림을 못 그린다. 이제야

그 사실을 깨닫다니, 지금까지 예전의 환상 속에서 살고 있었구나.

    부끄럽다.

    내 그림에 대해 부끄러움을 알아야 한다.

표현주의,
에곤 실레, 그는 감탄과 질투다 (2)

    결국, 요즘의 그림은 에곤 실레로 연결된다. 에곤 실레, 그는 정말 천재다. 천재라는 생각밖에 안 든다.
    표현주의, 괴롭다.
    그는 선 하나에 모든 감정을 담아 그렸는데, 나는 도대체 어떻게 그림을 그리고 있는 것인지.
    내 그림은 도대체 뭔지.
    그냥 형태만을 나타내는 선을 긋고 있는 것에 그치는 것이 아닌지.

    그림이 도대체 뭔가,
    그림은 어떻게 그려야 하는 건가,

그저 작은 종이에 그리는 것이 과연, 감정을 다 표현할 수 있는 방법인 것일까.

자화상,

화가들이, 내가 좋아하는 고흐와 에곤 실레가 왜 그렇게 자화상을 그렸는지. 화가들이 왜 그렇게 인물화를 그렸는지에 대해.

내 감정을, 내 얼굴을 그려야 표출하고 싶은 내면의 무엇인가가 표현이 될 것 같음을 느낀다. 결국은 타인의 얼굴을 돌고 돌아서 나의 얼굴로 돌아올 수밖에 없음을 느낀다.

표현주의, 어렵다.

예쁨,

그 예쁨, 의 느낌을 부서트리기엔 너무 아까운 예쁨이라, 내가 그것을 너무나 사랑하기 때문에, 아무리 표현주의 왜곡이라고 해도 어쩔 수 없다. 나는 예쁜 것을 좋아한다. 이것은 표현하고 싶은 내 손과 의지와 바람, 그리고 양보할 수 없는 마음의 충돌이다.

    선,
    에곤 실레가 죽음에 대한 공포를 선에 나타냈다는데, 그의 날카롭고 강한 선을 보면 그의 고통이 느껴지는 것 같은 착각이 들어, 나는 죽음에 대한 공포가 없는데, 하지만 누구도 따라 하지 못하는 강렬하고 뇌리에 남는 선을 가지고 싶다.

가끔 생각한다,

지금 우리가 좋아하는 유명한 화가들,

그들은 자신의 그림을 마음에 들어 했을까.

다른 이의 그림을, 다른 이의 스타일을 질투하고

감탄하고 마음에 들어 하지는 않았을까.

나도 내 그림을 온전히 좋아하고 싶다.

이것은, 너무나 간단하면서 너무나 힘들고 어려운 일이다.

솔직하게 말하자면,

나는 모든 사람들이 내 그림을 보고 감탄을 했으면 좋겠다. 어느 누구와도 견줄 수 없는 독보적인 그림을 그렸으면 좋겠다.

하지만 어떻게?

재능, 살리에리가 모차르트에게 느꼈던 그 질투와 시기와 경외와 모차르트가 가진 그 천재성과 재능,

나에게도 재능을 주세요.

저에게도, 타고난 재능을.

노력은 결국은 재능을 이기지 못한다. 노력은 재능을 뛰어넘을 수 없어, 그것은 그렇게 쉽게 뛰어넘는 것이 아니다.

나는 재능이 있습니까?

그림에 재능을 받았을까요?

나는 모차르트를 원하지 살리에리를 원하지 않는다.

몽상가

　몽롱하다. 나는 지금 몽롱한 상태다. 하얀색 이어폰을 끼고 음악을 듣고 있는 지도 벌써 몇 시간째다. 이미 창밖은 시간을 달리할 준비를 하고 있다.

　사람들의 움직임이 바빠진다. 모두 집으로 돌아갈 시간이 다가오고 있다. 차들의 움직임이 더디어 진다. 빽빽하게 줄지어 선 차의 무리 때문에 쉽사리 움직이지 못한다. 이어폰의 음악 소리를 조금 더 크게 올린다. 주위의 소리가 들리지 않는다. 나만 멈추어 있는 것 같은 기분이다. 나만 정지되어 있는 기분이다. 같은 공간에 있지만, 다른 세계에 있는 느낌,

나는 지금 몽롱한 상태다. 제일 큰 사이즈의 커피를 주문한다. 마치 그냥 물을 마시는 것처럼 뜨거움에도 상관하지 않고, 그 맛에도 상관하지 않고 크게 들이마신다. 카페인은 나에게 큰 영향을 주지 못한다. 나는 늘, 커피를 금방 마셔버린다. 특히나 요즘은 이렇게 마셔도 되나, 싶을 정도다.

커피가 반쯤 남았을 때, 다시 뜨거운 물을 부어 원래의 양으로 맞추어 놓는다.

이 동작을 계속 반복한다. 결국엔 투명한 물이 남을 때까지 반복한다. 그렇게 물을 계속 마시다가 결국 커피를 다시 주문한다. 마찬가지로 마시는 속도는 변함이 없다. 그리고 여전히 나는 몽롱한 상태. 이어폰을 통해서 흘러나오는 노래는, 굉장히 몽환적이고 신비롭고 몽롱한 음악인데 그것을 반복적으로 듣고 있으니 머리가 무거워진다. 잠에 취해가는 기분이다. 오늘 하루, 커피를 몇 잔 마셨는지 기억이 나지 않는다. 이런 식이다. 결국, 나는 새벽에 또 잠을 뒤척인다. 눈을 뜨면 겨우 새벽 세 시다. 카페인은 뒤늦게 나를 괴롭힌다.

　　새벽 세 시, 나를 절망에 빠뜨린다. 아직도 잠들어야 할 시간이 많이도 남았다. 잠들어야 할 시간이 많이 남아서 괴로운 것이 아니라 잠들었던 시간이 얼마가 아니라는 것이 괴로운 것이다. 억지로 잠을 청해본다. 뒤척인다. 잠이라는 것은 내 노력과 의지로 되는 것이 아니다. 나는 포기하고 핸드폰의 음악을 켠다. 머리맡에서 들리는 음악에 집중해 본다. 그것은 낮에 무한히 반복해서 들었던 음악일 수도 있고, 예전부터 들었던 음악이거나 아니면 갑자기 생각이 나서 듣는 음악일 수도 있다. 어찌 되었든 새로운 음악은 아니라는 말이다.

　몽중인(夢中人),
　경쾌함이 조용한 새벽과 어울리지 않지만, 꿈속에서 들리는 것 같이 귓가에 울려 퍼지는 목소리와 둥둥, 거리는 리듬이 몽롱함을 만들어 내 또 새벽과 그럴싸하게 어울린다. 의식이 처음 이 음악을 알게 되었을 때로 돌아간다. 내가 좋아하는 곡들은 대체로 나를, 음악을 듣는 지금 현재가 아닌 과거로 데려가는 놀라운 마법을 보여주기 때문에 결코 질리게 되는 일이 없다. 그 당시의 나를 떠올려 본다. 뭔가에 억눌려 있는 것은 비슷하지만, 지금보다는 조금 더 활발하고 말이 많고 현재 가지고 있는, 아릿아릿한, 어떠한 감정은 보이지 않는다. 몇 개월밖에 흐르지 않은 시간인데 그 사이에 뭔가 훌쩍 성장한 느낌이 든다. 갑자기, 억지로 잠을 자려고 누워있는 것이 의미 없이 시간을 보내는 것 같다는 생각이 든다. 그림에 미쳐 그림만이 인생의 전부인 화가가 된 것 마냥, 자리에서 일어나 그림을 그릴까, 하는 생각을 해본다. 하지만 선뜻 일어나지 않는다. 아쉽게도, 아직까지는 그렇게 절실하게 그림을 그려본 적이 없다. 그러기엔 나 스스로가 약간 머쓱해진다. 어쩐지 스스로 그런 마음이 들어서라기보다는, 남들에게 보여주기식 체면치레의 행동 같다는 생각이 든다. 나는 가식적이거나 겉멋, 겉치레의 행동을 싫어하는 사람이다. 지금 누가 보고 있는 것은 아니지만, 잠을 자지 않고 새벽에 일어나서까지 그림을 그리고 싶은 마음이 큰 것은 아닌 것 같다. 나는 그림 그리는 것을 좋아하는 것이 아닌 걸까?

왜 절실하지 않을까, 왜 그렇지 못할까, 그림을 절실하게 그린다는 것은 어떤 것일까, 그것은 반 고흐가 되어야만 알 수 있는 것인가, 그림이 생업이 되면 절실하게 되는 것인가, ...이런 태도로는 절대 나의 그림을 찾지 못하는 것일까,

절실하게,

무엇을,

무엇을?

그는 내 SNS를 요즘에도 보고 있을까, 내가 업데이트시킨 그림을, 글을 봤을까, 요즘에 올리는 글의 대부분은 자신을 향하고 있다는 것을 알고 있을까,

이런저런,

또다시 생각은 한 곳으로 흘러간다.

오후 두 시.

지금의 창밖은, 매우 맑음이다. 하늘에는 비가 오고 난 뒤라 이런 구름이 있었지, 하는 생각이 들 정도로 오랜만에 보는 맑고 깨끗한 구름이 뭉게뭉게 떠 있다. 이런 날씨에 환기도 하지 않고 블라인드도 걷고 나오지 않은 것에 죄책감이 든다.

그리고 나는, 약간 몽롱하고 근심이 가득한

상태다.

생각할 일들이 많아서 머리가 포화상태다. 더 이상 생각하고 싶지 않아서 머리가 몽롱해진다. 일종의 방어 행동이라고 해야 할까. 여전히 커피잔은 비었다. 여전히, 뜨거운 물을 부을 것이다. 같은 테이블에 앉아있는 다른 사람들, 어떻게 평일 낮의 시간에, 잠깐도 아닌 오랜 시간 개인의 작업을 할 수 있는 것일까, 월요일 이 시간, 이 공간에 있는 사람들은 어떤 일을 하기에 여기에 있을 수 있는 것일까, 하는 생각을 해본다. 쓸데없는 생각이다.

창밖을 구경하는 것을 좋아한다. 사람들을 관찰하고 보는 것을 좋아한다. 아무 생각과 여러 가지 상상들을 할 수 있다. 창밖을 그냥 넋 놓고 보고 있지만, 머릿속으로는 다른 생각을 하고 있다. 방해받지 않고 흘러가는 대로, 마음껏 상상할 수 있는 이 시간이 좋다. 창밖으로 보이는 풍경이 산, 건물 등의 풍경이냐 아니면 사람이냐에 따라서도 다르다. 아무래도 나는 사람 쪽이다. 좀 더 활동적이고 다양하고 감정적인 생각들이 떠오른다.

지금은 무엇을 하고 있을까,

내 생각이 나긴 할까,

정말 연락이 없는 것일까,

연락이 올까,

나는 또 핸드폰을 만지작거린다. 혹시 사진을 바꿨는지 모를 일이다. SNS 상태가 달라져 있을지도 모를 일이다. 일종의 습관처럼 확인할 뿐 어떤 기대를 하거나 의미를 담지는 않으려 한다. 의미를 담는 것은 이제는 아무 의미가 없는 일이라는 것을 잘 알고 있다. 의미가 없다, 는 것을 확인하려는 것일지도 모른다.

창밖에 바람이 살랑살랑 불 때마다, 햇빛이 계속 해서 눈에 들어올 때마다, 환기를 시키지 않은 것이 마음에 걸린다. 환기를 할 수 있는 날이 요즘엔 정해져 있다. 항상 날씨가 좋은 것이 아니라서 내 마음대로 할 수 있는 일이 아닌 것이 되어 버렸다.

사소한 것들이 더 이상 사소하게 다가오지 않음에 조급함을 느낀다. 조바심을 느낀다.

시간이 늦은 오후로 넘어갈수록 거리를 지나다니는 사람들이 많아진다. 사람이 많은 것이 좋다.

나와는 아무 상관 없는 남, 알지 못하는 사람들이지만 많은 이들이 살고 있는 곳에 있다는 것이 좋다.

활기, 라는 것이 느껴진다. 사람들이 많은 곳은 활기가 넘친다. 느릿느릿하게 보이는 것과 정말로 느릿느릿한 것은 엄청난 차이가 있다. 사람들이 없는 조용한 곳은 시간이 지날수록 사람을 나태하고 현실에 안주하게 만드는 힘을 가지고 있다. 세상 돌아가는 것에 무감각하고 둔하게, 밖을 보면서 나만의 세계를 만드는 것이 아니라 정말로 앞이 보이지 않는 콘크리트로 나만의 성을 쌓게 만든다.

나만의 세계를 잘 유지해야 하는 것, 밖의 요

소들에 너무 많은 의지를 하면 안 되는 이유,

나는 이것을 일찍이 경험했다. 지금 눈앞에 보이는 일상이 한순간에 일상이 아닌 것이 되는 경험, 그것은 꽤 생소하고 서글프고 서러운 일이다. 밖을 지나가는 나와는 아무 상관 없는 사람들, 앞으로 마주칠 일도 없을 사람들이지만, 언젠가 마주칠 여지가 있는 '같은 공간'에 있는 사람들이다. 늘 익숙하고 매일 다니는 길이 몇 시간 뒤면 매일 다녔던 기억 속의 길이 된다는 사실을 깨닫는 순간, 굉장히 낯설고 차갑게 다가오는 장면의 당황스러움은 아직까지 잊히지 않는다.

아무 곳에나, 아무것에나, 쉽게 정을 붙이면 안 된다.

옆자리가 비었다. 건너편 테이블에는 새로운 사람이 자리를 잡았다. 지금은, 의외로 몽롱함이 사라진 상태다.

나보다 한참 어린 친구가 꽤 좋아하는 음악인 듯 계속 반복해서 틀었던 음악, 갑자기 듣고 싶은 생각이 들어 급하게 제목을 찾는다.

그것은 그 친구와 내 나이 차이만큼이나 훨씬 전에 내가 좋아하고 들었던 음악이다. 잊고 있었던 음악을 몇 년이 훌쩍 지나, 그 당시에는 알지 못했을 친구를 통해 다시 듣는 기분은, 꽤 놀랍다. 새롭다. 꽤나 반가운 기분이다. 보컬의 목소리 뒤로 흐르는 피아노 선율이 참 마음에 들었다. 단순하고 반복되는 멜로디가 여전히 좋다. 음 하나하나, 꾹꾹 누르는 피아노 소리가 서글프다. 손가락에 힘을 주어 건반을 누르지만 소리가 모나지 않아 초보의 것과는 다르다. 소리를 크게 낸다고 해서 힘으로만 누르는 것이 아니다.

가끔, 상상한다.

사람들 앞에서 피아노 연주를 하는 모습을 상상한다. 피아노 선율이 흐르는 음악을 들으면 항상 내가 연주하는 모습을 상상해 본다. 손가락이 음을 따라 작은 움직임을 그린다. 주위 사람들은 알아채지 못할 정도의 움직임이다. 손가락은 멜로디를 따라서 그 계이름을 짚어낸다. 가상의 건반을 만들어 내 소리 없는 연주를 한다. 피아노를 진지하게 배운 것도 10년, 취미로라도 배우다가 그만둔 지도 10년,

    예전처럼 연주할 수 없겠지,

    이런 생각은 나를 쓸쓸하게 만든다. 재능을 하나씩 잃어가는 기분은 사람을 숨 막히고 비참하게 만든다. 가졌다가 잃어버리는 기분, 기억이 자꾸만 과거에 멈춰 몸을 단단하게 웅크리고 틈을 만들지 않으려고 한다. 그럼 또, 그때는 그랬었는데, 하는 회한에 젖어 들게 된다.

    그런 것들이 꽤 많이 있다. 깊이 파고들면 너무나 슬플 것 같아 여기서 생각을 그만둔다.

    조금은 이상한 생각이지만, 어쩐지 숨을 들이켜면 더 선명하게 보이는 갈비뼈가 피아노 건반 같아, 양 손가락을 갈비뼈에 가만히 대어본다. 갈라진 갈비뼈 사이사이에 딱 맞게 들어가는 손가

락이 건반을 알맞게 누르는 손가락의 정렬과도 같은 느낌이다.

옷을 갈아입을 때 거울을 보는 습관이 있어, 거울을 보면서 내 몸을 체크하는 거지. 가만히 있어도 갈비뼈가 보이면 어쩐지 기분이 좋아져. 그다음으로 배를 본다. 정면에서 봤을 때 내가 어제 보았던 익숙한 넓이와 선이 맞는지 체크한다. 그다음으로 옆으로 돌아 배가 튀어나왔는지, 허리가 늘어났는지를 보는 거지. 변함이 없다고 생각되면 그날은 의식하지 않고 아무렇게나 먹는다.

갈비뼈에 댄 손가락을 가만히 떼어 낸다. 슬쩍, 양손으로 허리를 잡아본다. 그냥 노파심이다.

밤 열한 시가 넘어간다. 마지막으로 커피를 한 잔 마실까, 하는 생각을 한다. 잠을 또 뒤척일까, 하는 걱정에 잠시 망설여진다. 꽤 진지하다. 어제 그렸던 그림은 조금은 마음에 드는 그림이다. 덮어놓지 않고 벽에 세워 두었다. 그림을 덮지 않고 그대로 놔둘 생각이다. 마음에 드는 그림은 흔한 것이 아니다.

    불을 끄고 잘 준비를 한다. 너무나 똑같이 반복되는 매일 매일에 하루가 긴 것인지 짧은 것인지 제대로 판단할 수 없다. 다만, 허무하다, 라는 것은 확실하다. 불을 끄고 하루를 마감할 때 드는 허무함은 눈을 뜨면 또다시 시간에 무감각한 상태로 깨어있는 것에 염증을 느끼기 때문일까.

꿈을 꾼다.

꿈인지 약간의 의식이 있는지 명확하지 않다. 이것은 꿈속인가, 아니면 꿈과 현실의 모호한 경계에 있는 것인가. 몸이 간지러워 특정 부위를 계속해서 긁는다. 가려움이 잘 사라지지 않는다. 그러면서도 나는 뭔가 생각하고 의식을 하려고 한다.

글을 쓰는 꿈을 꾼다. 지금 나의 의식을 쓰고 있는 것 같다. 나는 지금 자는 중이다, 잊어버리지 않으려고 메모를 한다. 꽤 긴 분량의 글이다. 계속 메모하고 또 저장한다.

돈, 돈인가 글인가 아무튼 어떤 종이를 누군가에게서 받는다. 그 누군가는 순식간에 내가 계속 생각하고 있는 그가 된다. 뜬금없는 등장이다. 그 종이는 특이하다.

흐물흐물,

마치 태아가 양수에 싸여있는 듯, 얇고 미끈거리고 굉장히 투명해 어떤 형체도 없는 돈, 혹은 종이다.

물이 차 있는 물풍선의 형태로 보이기도 한다. 이것은 굉장히 특이하다. 그것이 내 눈앞에 왔다 갔다 아른거린다. 나는 다시 글을 쓴다.

다시 저장하고 메모하고 확실하게 저장했다는 것을 보며 나는 안도감을 느낀다.

그러다 꿈을 깬다.

의식이 조금 전보다 살짝 돌아와 있다. 내가 쓴 글이, 놓치지 않으려고 수도 없이 저장했던 행동이 꿈이었다는 생각이 들자 불안감이 엄습한다. 어떤 글이었는지 기억하려고 애쓴다. 꿈을 더 듬어 본다.

다른 장면의 것들이 하나로 섞여 확실하게 분간하기 힘들다.

기억은 나지만 이것을 파고들면 기억이 나지 않는 이상한 현상이다.

눈앞에 둥둥 떠다니던 유동적이고 미끈거리는 그 존재에 대한 기억만은 확실하다. 환상이다.

환상, 어제 보았던 영화에서 알게 된 '신환상'이라는 단어가 머리에서 떠나지 않는다.

신환상,

그 환상적인 제목에 감탄한다. 시인과 유명한 작가들은 역시 그냥 되는 것이 아니다.

환상,

환상이 섞인 야릇함,

분홍색과 하늘색의 파스텔톤이 절묘하게 층을 이루며 나풀거리는 장면이 눈앞에 펼쳐지는 환상.

달빛은 이길 수 없어

밴드의 연주가 시작되고 여자는 무대 위에서 스탠드 마이크를 잡는다. 여자는 빈 곳 없이 꽉 차 있는 객석을 쳐다본다. 여자의 눈빛이 불안하다. 심호흡을 해보지만 소용이 없다. 여자의 보컬이 들어 와야 할 타이밍이 지나도 아무런 반응이 없자 여자의 눈치를 보며 밴드 연주가 서서히 멈춘다.

... 죄송합니다,

말을 내뱉고 여자는 무대 위를 내려가려고 몸을 돌린다. 순간, 갑자기 무대 위의 조명이 꺼진다. 갑작스러운 상황에 사람들은 의아해하고 여자도 고개를 돌려 객석 쪽을 쳐다본다.

……,

　여자와 남자는 눈이 마주친다. 며칠 전 싸움으로 다시는 보지 않을 것 같았던 남자친구의 서프라이즈 행동이었다. 여자는 무대 공포증이 있었다. 무대를 포기하려는 여자에게 용기를 주고 싶어 남자가 내린 나름의 배려였다. 여자와 남자는 마주 보며 미소를 지었다. 여자는 다시, 조명 꺼진 무대의 마이크 앞에 다가선다. 조심스럽게.
　여자는 마음을 먹은 듯하다. 반주 없이 노래를 시작한다. 밴드의 연주가 여자의 보컬에 맞추어 하나씩 자리를 잡는다.

　그래도 당신이 사랑을 못 하겠다고 생각한다면
　기다려 봐요,
　해가 지고 하늘에 별이 뜨면
　신비스러운 분위기에 흠뻑 취하게 될 거예요.
　반항하고 도망치려 해봐도,
　당신은 알고 있죠.

달빛을 이길 수 없어요.

깊은 어둠 속에서

당신은 마음을 빼앗길 거예요,

달빛은 이길 수 없어요,

당신 마음을 사로잡아 갈 거예요.

사랑을 피할 수는 없어요.

당신은 결코 이길 수 없어요,

달빛이 당신의 마음을 가져갈 거예요.

 기가 막힌 코드의 반음 소리가 마음을 찌르르, 마음을 사로잡아 순식간에 음악의 포로로 만들어 버린다. 나는 너무나 쉽게 마음을 내주는 노예인가, 달빛이라는 마법에 사로잡혀 버렸나, 그 황홀함에 내 자신도 잊어버리고 동화되고 말았구나.

 내가 지금의 모든 성향을 가지게 된 시발점, 나에게 꿈과 열정을 가지고 살아가도록, 그것을 좇아가도록, 살아있음을 느끼게 만드는 일을 찾도록 만들었던 출발점, 꿈을 노래하고 꿈을 꾸게 만들었던 그 장면은 내 인생 깊숙이 들어와 하나의 길잡이처럼 내 인생의 길을 이끌었다. 보이지 않는 길잡이, 그 존재를 잊어버리고 있었구나.

이십 년 이상의 시간이 훌쩍 지나 더 이상 꼬마가 아닌 삼십 대가 되었다. 나는 지금 무엇을 꿈꾸고 무엇을 바라보며 살아가고 있는가.

먼 훗날 내 모습을 그렸다. 독립을 하고, 더 크고 넓은 곳으로 나가 일상의 삶에 부딪히면서 내 꿈을 향해 전진하는 열정 가득한 모습이었다. 열심히 살아가는, 인생을 낭비하지 않는 젊음의 눈부심이었다. 너무나 생기 넘치는 모습이었어, 꿈을 꾸며 자연스럽게 만나는 사랑을 꿈꿨고, 그 사랑 역시 내 젊음의 한순간을 만들어 가는 성장의 일부였고, 하루하루가 꿈을 향해 나아가는 즐거움의 나날이었다. 그 설렘, 벅차오름, 먼 훗날의 나를 꿈꾸는 것만으로도 현재의 삶이 활기 넘치게 변하는 마법, 그 모든 것들을 느꼈다. 그랬었다. 나는, 그랬었어.

그 모습들이 정말 생생하게 다시금 떠올라, 너무나 오랫동안 잊고 있었던 내 모습들이어서 나는 생각에 잠긴다. 나는 여전히 꿈을 꾸는 사람이고, 돈과 안정적인 생활보다는 내 인생의 의미와 나를 찾아가는 것이 더 중요한 사람이고, 하고 싶은 것이 여전히 많고, 그래서 불안정하고, 완성되어 있지 않고, 어른들과 사회에서 당연시 생각하는 것들을 이루지 못하는 사람이고, 흔들리고 헤매는 사람이다.

친구들이 하나씩 안정을 찾아가는 모습을 보며 약간은 불안하지만, 그래도 나는 내 갈 길이 다르다고 생각해, 그들이 부럽지는 않아.

하지만, 조금의 용기와 확신이 필요하다고는 생각한다.

꼬꼬마 시절에 나는 지금의 내 모습이 완성되어 있을 거라고 생각했었는데, 아직도 나는 완성이 되지 않아서 이렇게 꿈을 좇으며 살아갈 거라고 생각지도 못했는데 말이야. 그래도 어느 정도는 내가 생각했던 방향으로 살아가고 있어, 그것에 조금이나마 위안을 삼을 수 있어, 앞으로 계속해서 나아간다면 도달할 수 있지 않을까.

달빛은 이길 수 없어,
이 음악은 나를 자꾸만 채찍질을 해, 꿈속에 살도록 만들어 준다. 나에게 용기와 열정을 불러일으켜 주거든. 그것이 환상일지라도 나는 그 환상 속에서 느끼는 벅차오름이 너무나 좋다.

나는 달, 달빛에 환장하는데 그 이유에 이 음악이 깔려 있다는 생각을 무시하지 못해, 달빛에 마음을 빼앗기는 것은 어떤 기분인지 너무나 궁금하다. 달빛이 마음을 가져가 버린다니, 너무 황홀한 말인 것 같아.

수요일 저녁,

침대 위에서

비어있는 몸뚱아리, 껍데기만 남은 납작한 평면의 몸,

계속해서 생각을 써내고, 생각을 생각한다.

행위를 반복하고 내 신념과 철칙과 성향을 고민하고 풀어낸다.

내 안에서 모든 것이 빠져나간 느낌이다.

생각의 허용범위를 넘어 한꺼번에 모든 것을 쏟아내는 작업이다.

빈 껍데기,

나는 안이 텅 비어 있는 빈 껍데기의 상태가 되어 간다.

아무것도 아닌 것,

나 자신을 잊어간다. 자아가 희미해져 간다.

목요일 밤, 자기 전, 침대에 누워서 든 생각

 습하다. 일기예보에 비가 온다는 소리를 들어서인지 밖의 공기와 방 안의 공기에 물기가 가득한 느낌이다. 세수하고 잘 말리지 않은 머리카락에 묻은 물기가 습한 공기를 더 머금어 축축하게 느껴진다.

 축축하다. 꿉꿉한 기분이 좋지 않다. 곰팡이가 슬어가는 느낌이다. 곰팡이가 자라는 냄새와 포자를 터뜨리기 시작하는 불쾌한 기분.

 얼굴에 먼지가 하나하나 내려앉는다. 먼지의 움직임이 온몸으로 느껴진다. 내 몸이 습기를 머금어 방안의 먼지를 다 끌어모으는 기분이다.

 회색의 메마른 냄새가 나는 날씨엔 지하철을

타면 공기의 무게가 느껴져 사람들을 불쾌하게 짓누른다.

모든 숨을 공유하는 듯한 뜨뜻미지근한 숨 냄새가 역겹다.

금요일 오전,

눈을 뜨자마자 든 생각

방안은 회백색이다.

그레이블루의 차가운 색이지만 오히려 마음이 편하고 차분해진다.

나는 울고 있다.

Muse, Unintended,

우울하고 몽환적인 약을 먹은 듯한 목소리가 감정을 고조시켜 기억이 그날로 돌아간다.

그의 한숨이 생생하게 기억나, 그 목소리는 세상이 꺼지도록 모든 메마른 감정을 다 꺼내어 뱉는 한숨이라,

나는 또다시 슬퍼진다.

나는 울고 있다.

회백색의 방안을 둘러본다.

한 번 터진 감정은 멈추지를 못해 차가운 색의 방안이 더욱 서늘해진다.

비 오는 일요일,

지하철 안에서

인연을 사고 싶소,

단 석 장으로 인연을 살 수 있다면

내 비록 지금 가진 것이 전부라 한들,

결코 아깝지 않으리.

그 석 장의 값어치는

당신에게 달렸소.

나에게 봄을 파시오, 봄을 사고 싶소.

계절을 돈으로 살 수 있다면 얼마나 좋을는지.

한 주가 지난 화요일 오전,
환상을 꿈꾸다

　옷장이 있던 자리가 흰 벽이 되었다. 벽지 틈 사이로 이상한 얼룩이 보여 손을 가만히 대어 보니 물이 흐르고 있었다. 천장에서 물이 떨어지고 있었다.

　화장실 세면대에 앉아, 이번엔 화장실 벽에서 터져 나오는 물을 가만히 지켜보았다.

　당황스러워 어떻게 해야 할지 생각이 나지 않았다.

　세면대에 물이 차올랐다. 물은 짙은 파란색에 이물질이 떠 있는 회색이 섞인 더러운 물, 물이 막힌 듯 잘 내려가지 않고 점점 차올랐다. 무서웠다. 세면대 옆 배수관에선 계속 물이 뿜어져

나왔다. 온통 물바다, 고개를 들어보니 갑자기 달라진 거실의 풍경에 작은 생물체가 뛰어다닌다. 손가락 정도, 작은 크기의 원숭이 한 마리가 서랍에서 이것저것 꺼내는 것을 보았다. 나는 그 분주함이 싫어 원숭이를 쫓아내었다. 원숭이는 닫힌 문 앞에서 주인이 오기만을 기다렸다.

나는 이상한 압박감에 쫓기고 있었는데 그것은 형체가 없는 정체불명의 것이었다.

기차,

나는 기차를 타야 했다.

기차의 출발시간은 18시 30분. 택시를 잡아 탔다. 택시는 빠르지 않아 시계를 봤을 땐 어느새 18시 30분이었다. 기차가 출발하는 것이 보였다. 택시에서 내려서 뛰면 잡을 것 같아 내렸는데, 순간 내 눈앞으로 다른 기차가 가로질러 갔다. 순식간에 기차를 놓치고 말았다. 나는 절망하며 꿈에서 깼다.

그렇게, 일상

습하다.

방안을 가득 메운 습기에 평소보다 일찍 눈이 떠졌다. 하지만 아직까지는 잠에서 깨고 싶은 생각은 없어 몸을 뒤척이지는 않는다. 두 눈만 떴다 감기를 반복하고 있다. 오늘은 미세하게 벌어진 블라인드의 틈 사이로 들어오는 햇빛이 보이지 않는다.

내가 제대로 조절하지 못해 벌어진 틈인데 늘 다시 맞춰야지 하는 생각만 할 뿐, 실제로 행동하지는 않는다. 나는, 늘 귀찮음을 달고 있다. 그래서 평소에는 나를 찌르는 눈부신 노란빛의 햇살에 눈을 뜨고는 했는데, 오늘은 일상과 다르다.

대신, 텅 빈 것 같은 색깔의 내 방 안을 더욱 서늘하고 아무것도 존재하지 않는 곳으로 만들어 버리는 공허가,

하늘을 가득 메웠다.

어둡고, 습하고, 금방이라도 무엇인가를 내뱉을 것 같은 우중충함이다. 핸드폰의 시간을 본다. 알람이 울리기도 전 훨씬 이른 시간에, 나는 눈을 떴다.

조용하다.

온 세상이 습기를 머금어 천천히 흘러내리는 것 같은 늘어짐과 조용함이다. 고요, 내 방 안에 창백한 고요가 내려앉았다. 그것은 침대에 누워 여전히 천장만 보고 있는 나를 계속해서 내리누르고 이곳에서 벗어난 생각에 잠기게 만든다.

음악 재생 목록을 켠다. 재생 목록에는 천 개가량의 곡들이 담겨 있지만, 듣는 곡은 실제로 다섯 곡도 채 되지 않는다. 나는 늘 듣는 것만 반복해서 듣는다. 이른 오전의 시간이지만, 그런 것

과 상관없이 우중충하고 음울한 음악이 듣고 싶어진다. 쏟아져 내리는 비를 온몸으로 맞았을 때 살갗에 옷이 붙어서 떨어지지 않는 것처럼, 기분을 축축하게 만드는 종류의 음악, 내 몸에 한 꺼풀 덮어씌워진 존재를 끊임없이 느끼게 만드는 음악.

나는 생각에 잠긴다.

방 안은 눈을 떴을 때보다 한층 더 습해져 있다. 비 냄새가 난다. 시원함과 비릿함이 동시에 느껴진다.

환기하지 않아 꽉 막힌 오래된 공기의 퀴퀴한 냄새는 비와 섞여 모든 것을 눅눅하게 만들고 있다.

어젯밤, 이야기 나누다 만 우울, 에 대해서 생각한다. 내 우울의 근원에 대해서 생각한다. 우울에 대해서, 우울한 감성을 가진 사람들이 모여 이야기하는 것은 정신적으로 꽤 안락함과 친밀함을 안겨주고, 마음을 충만하게 만들어 준다.

우울함이 전염되는 시간, 불빛마저 가라앉는 공간, 취향의 공감과 교감.

　작지만 의미 있는 알찬 것, 매끄러운 구슬처럼 단단하고 소중한 것, 우울을 먹으면서 자라는 기쁨 같은 것이다. 우울을 좀 먹는 것, 기생충처럼 붙어서 결국엔 우울을 더 깊게 만들어 버리는 기쁨, 우울과 기쁨의 반복이다. 마음이 충만해져 우울함이 더 성장하게 된다.

　창밖에는 아무 소리도 들리지 않는다. 분명 비가 내리고 있는데 소리는 들리지 않는다. 블라인드도 여전히 틈을 벌린 상태고, 나도 여전히 이불 속에서 숨만 쉬고 있는 상태다. 달라진 것은 방 안으로 들어오는 비 냄새가 더 짙어진 점이다.

　공간의 경계가 모호해진다. 사색의 시간, 오전의 우울함을 만끽할 수 있는 이 시간이 너무나 좋다.

　갑자기, 안과 밖의 조용함에 구분이 없어 두꺼운 유리창은 그 역할을 제대로 못 하고 있다는 생각을 한다. 마치 이어지는 내용의 글을 나누어진 두 장의 종이에 적는 것처럼, 하나의 글이지만 분명 왼쪽의 글과 오른쪽 글의 분위기와 감성이 미세하게 다른 것처럼, 비 내리는 밖과 내 방 안은 이런 차이를 가진 하나의 이어진 공간이다.

두 눈을 다시 떴다 감았다,

침대, 라는 공간은 나에게 여러 가지 생각에서 벗어날 수 없게 만들어, 꼬리에 꼬리를 무는 잡다한 것들을 머릿속으로 집어넣는다.

생각이 둥둥, 떠다닌다. 천장은 먹구름, 둥둥 떠다니는 생각들, 회백색의 빛, 넘쳐나는 생각에서 벗어나고 싶은 나의 마음, 하지만 자리에서 일어나고 싶지 않은 나의 귀찮음으로 뒤섞인다.

이렇게 나의 하루가, 나의 일상이, 또다시 시작되었다.

영원한 뮤즈,

그녀, 팩토리걸

　예술가에겐 뮤즈가 있어, 영감을 받고는 하지.

　하지만 나에게는 뮤즈가 없어 그 점이 항상 아쉽고는 해. 그래서 누군가의 뮤즈였던 사람들을 부러워하기도 하고 동경하기도 하고 집요하게 파고들기도 하지. 이것은 어떤 의미에서 집착인가.

　뮤즈, 라는 말은 나를 설레게 만든다. 누군가의 뮤즈가 된다는 것은 인생에서 참으로 멋진 일이다.

　특히 예술가의 뮤즈, 라는 타이틀은 아무나 달 수 있는 것이 아니라서 그 특별함이 더욱 가치 있고 매력적으로 다가온다.

나도 누군가의 뮤즈가 되고 싶었나,

나는 다른 사람들의 얼굴을 그렇게나 그렸는데 정작 나를 그려준 사람은 없었구나. 내가 예술을 하는 사람인데 나의 뮤즈를 찾았어야 했나, 누군가의 뮤즈로서 페르소나로서 살아가는 것과 뮤즈와 페르소나를 통해 나를 표현하는 예술가로 살아가는 것, 둘 중에서 어떤 것이 더 매력적인 삶일까. 두 가지 모두 평범한 삶은 아니야, 그런 삶에 동경하고 무한히 끌리는 것을 막을 수 없다.

페르소나, 뮤즈, 이런 멋진 단어들은 누가 만들어 낸 것인가.

그런 예술가의 삶에 빠져들고 싶다. 예술가의 인생을 살아가고 싶다. 누군가에게는 미치광이로 보이거나 정상적으로 보이지 않더라도 예술가 삶에서 끊임없이 고뇌하고 고통받으며 끝없는 창작을 해보고 싶다. 그런 무리와 함께 무엇인가를 이루고 싶다.

이것은 쉽지 않아, 나는 늘 갈망한다.

그대, 뮤즈여,

황홀한 이름이여 존재여,

평범한 일상을 달콤한 사탕의 향기로움과 달짝지근한 포근함으로 둘러싸인 봄의 나른한 정원으로 바꾸고, 싱그러운 바람의 향기로 둘러싸인 여름의 화원으로 만드는 신비한 힘을 가졌다.

그대, 뮤즈여,

어떻게 탄생하고 어떻게 누군가의 가슴에 뮤즈라는 이름으로 새겨지는가,

날카로운 유리 조각처럼 깊이 박혀 영원히 기억되는 불멸의 존재, 그 형태의 끝이 불행할수록 더 영원하고 사람들에게 깊은 영감을 주는 가련한 운명을 가지고 있구나.

그대, 뮤즈여,

그 끝은 항상 고통. 불행해서 더 매혹적이다.

내 오랜 소망 중의 하나가 있어, 누구에게도 제대로 얘기하지 않았고 누구도 제대로 이해하

지 못할 그런 꿈이다. 그 꿈을 꾸게 된 계기가 있어, 그 작은 계기 하나가 내 인생 오랜 시간 큰 영향을 주는 엄청난 파급력을 가지게 될 줄이야.

    그녀를 떠올리면 온통 흑백의 장면들이다. 흑백의 배경이 펼쳐지고 그 중심엔 배경보다 훨씬 더 진하고 돋보이는 흑백의 그녀가 있다. 하지만 그녀는 누구보다도 빛이나, 그 천진난만하고 맑은 미소가 그녀의 천성이 얼마나 순수하고 때 묻지 않았는지를 보여준다. 개구쟁이 같은 장난기 가득한 표정과 커다란 웃음, 웃을 때 보이는 보조개, 그 모든 것들이 사랑스럽다.

    그녀는 사랑스럽다.

    순진해 보이는 짙은 눈썹, 검은색의 진한 아이라인, 금색의 커다랗고 화려한 샹들리에 귀걸이, 이것이 특히 눈길을 사로잡는다. 그리고 짧은 커트 머리, 스트라이프 상의, 딱 달라붙는 검은색 스타킹,

그녀의 독보적인 분위기를 만들어 내 그 누구도 따라잡을 수 없게 만든다. 처음 창조해 낸, 원본은 누구도 따라 할 수 없는 법이야.

그녀는, 묘하다. 가끔 순진한 누군가가, 알지 못하거나 알아서는 안 되는 어떠한 유혹이나 쾌락, 은밀함을 알게 되었을 때 너무나 순수하게 빠져드는 표정, 그런 표정이 있어, 그녀는 쉽게 물들어 가.

그래서 너무나 자유롭다. 그 자유분방함이 그녀를 더 순수하고 순진하고 쾌락적으로 만들어, 그 오묘한 분위기는 모두에게 매력으로 다가온다. 시선을 사로잡는 위태롭고 위험한 자유로움이 그녀 주위를 둘러싸기 시작한다. 그녀는 그 위태로움을 입게 되는 거야.

그렇게 조금씩 그녀는 뮤즈가 되어간다.

화려함,
그녀는 이제 화려함 속에 익숙해져, 그녀를

둘러싼 모든 것들이 밝고 다채로운 색으로 빛나고 영원히 꺼지지 않을 빛을 뿜어내기 시작해, 사람의 이성을 마비시킨다. 화려함 그 중심에 그녀가 있다.

    사람들은 이제 그녀를 다른 이름으로 부르기 시작해, 그것은 '팩토리걸'.

    나는, 이것을 동경해, 그녀를 둘러싼 그 화려함을 동경한다. 그 모든 것들을 갈망하고 느껴보고 싶다.

    위태로움 그것은 사실, 나 역시 거부감 없이 기꺼이 빠져보고 싶은 매력이라 너무나 쉽게 매료된다.

    예술은 밝은 것만을 보고는 절대 탄생할 수 없는 것, 안정적이고 너무나 도덕적인 것, 잘 짜인 틀 안에서 조금의 오차도 없이 선을 넘지 않는 답답함, 딱딱한 연극, 그 안의 인형 역할만으로는 깊은 감정을 건드릴 수 없다.

원래 자유롭고 위험한 것이 더 끌리는 법이라, 호기심을 자극한다. 예술은 이런 곳에서 제약 없이 펼쳐져야 한다. 이런 곳에서 영감을 받고 영감을 주는 거지. 이런 곳을 일찍이 이렇게 불렀다,

'팩토리'.

은색으로 온 벽을 둘러 '실버 팩토리'라고도 불렸던 예술가의 성, 거대한 저택, 화려하고 퇴폐적인 예술의 공간, 나는 그것을 꿈꿨다. 1960년대, 뉴욕에 있었던 그 팩토리를 나의 것으로 다시 만들어 보고 싶었어, 그것이 내 오랜 소망이다.

팩토리를 알게 해 준 것이 그녀다, 팩토리걸. 그래서 그녀는 이번엔 나의 뮤즈가 되는 것이다.

영원한 뮤즈.

온통 흑백이지만 은색의 공간은 정확하게 그 고유의 색을 발한다. 그녀의 한쪽 손에는 오늘도 술이 담긴 와인잔과 담배가 들려있다. 눈빛은 풀려있고 분위기는 온통 몽롱하다. 한쪽에서는 바

닥에 그림을 펼쳐놓고 작업을 하는 중이고 또 다른 한쪽에서는 카메라와 필름이 돌아가며 세 명 정도의 사람들이 인터뷰하는 중이다. 모두 팩토리의 회원들이다. 몽롱하고 약간은 바쁘고 시끄러운 분위기가 한데 녹아있다. 지금이 낮인지 밤인지 상관없이 그들은 술을 마시고 취하고 기분이 들떠 있다. 시간은 활동에 제약을 주지 못한다. 시간은 아무런 상관이 없다. 그들은 문란하지만 생산적인 활동을 한다. 영화를 찍었다가 인터뷰했다가 그림을 그리고 연기를 하고 또 잡지를 만들어 낸다. 팩토리는 유명해지고 그녀 역시 비할 수 없을 정도의 인기를 얻고, 다 함께 환각에 빠진다. 그녀는 만인의 뮤즈가 된다.

나는 팩토리가 가지고 있는 그 창조성과 생산성에 멋지다는 생각을 한다. 그리고 그 생산적인 활동과 분위기는 나를 매료시킨다. 팩토리의 중심에는 그림과 미술이 있어, 미술가의 활동을 중심으로 여러 분야의 예술가들이 모인다는 점이 특히 마음에 든다. 그림쟁이의 놀이터, 순수하지 않은 위험한 놀이터가 된다. 빈 술병이 회전 그네 위를 빙글빙글 돌아가고 있고, 그네 위엔 술잔을 든 여자와 남자가 아슬아슬하게 하나의 자리를 차지하는 중이다. 그넷줄이 두 사람의 무게를 견딜 수 있을지, 위태롭다. 대화가 즐거운지 그들의 웃음소리는 밝고 경쾌하고 신남이 섞여 있다. 미끄럼틀에 누워 까만 하늘을 바라본다. 담배의 하얀 연기가 공중으로 흩어진다. 가만히 지켜보다 그 사라짐이 덧없어, 일부러 연기를 계속 불어댄다. 빙글빙글, 모든 것이 형체 없이 빙글빙글 돌아간다. 어지럽다. 작고 까만 동그라미가 세상의 중심이 되어간다.

어둡고 은밀함이 펼쳐지는 놀이터라는 것이 나에게 있어 팩토리의 가치를 다른 것들과 다르고 특별하게 만들어 준다. 사람들이 동경하는 그들만의 견고한 왕국, 그리고 뮤즈, 페르소나, 주인공.

화려함에는 그 이면이 있어 그것을 빨리 알아채야 해. 너무 깊게 빠져들게 되면 예술가에게는 깊은 영감을 주지만 뮤즈의 존재는 원래의 삶으로 돌아가기 힘들어져, 모두에게 상처를 남기게 된다. 예술가와 뮤즈의 끝은 항상 고통이 동반되어 처음의 설렘과 동경 어린 마음, 거기에 사랑, 질투의 성질이 생겨 처음의 것들을 변화시킨다. 나는 뮤즈를 가져본 적이 없기 때문에 그 마음을 정확하게 알지 못해, 가져보고 싶은 탐나는 것, 영원히 탐구하고 알고 싶은 것, 그런 것들로 내 호기심을 자극할 뿐이다. 하지만, 사랑과 질투, 시기의 마음은 이해가 돼, 나는 시기와 질투가 많은 데다 질투라는 감정은 아주 중요하고 또한 그것이 가진 위험성을 좋아한다. 질투, 는 예술가로서 무한한 영감을 얻을 수 있는 신비의 묘약, 심연의 웅덩이다.

나만의 보석이 되어야 한다.

아무도 손댈 수도, 가질 수도 없어, 나만 가질 수 있는 나만을 위해 존재하는 소중한 피조물, 내 인생의 중요한 이유, 내 창조물의 주인, 존재의 이유,

내가 그렇듯이 너 역시 나와 같은 마음이어야 해.

나는 너에게 집착한다, 너는 내가 만든 창조물이다.

제발, 영원히 나만을 바라봐 주오.

예술가는 뮤즈에게 더 큰 감정을 느끼게 되고, 애정을 보여주길 바라게 되고, 질투하게 되고, 집착하게 된다. 자신에게 같은 마음을 보여주지 않는 것은 절망이다. 나락으로 떨어지는 느낌일지 몰라, 배신감, 그 이상으로 다가와 뒤틀린 어린아이의 잔인함이 된다. 비뚤어진 소유욕으로 변질된다.

예술가가 미친 것일까, 그 마음이 잘못되었나.

그녀는 자유를 원해, 점점 구속되어 가는 것을 느낀다. 그녀는 자신을 구속하는 답답함에서 탈출하고 바깥의 시원한 자유로움을 느끼고 싶어 한다.

광기, 그 비정상적이고 지나치게 들떠 있는 그들의 세계에서 벗어나 보통의 삶을 살고 싶다는 생각이 조금씩 들기 시작한다. 하지만, 그 성에서 쉽게 벗어날 수도 없어, 그녀는 고민하고 방황하고 흔들린다. 평범함을 바라기엔 너무나 특별한 곳에서 특별한 모든 것들을 경험했기 때문에 그것들을 잊을 수 없다. 그녀는 점점 병들어 간다. 너무나 지치고 마음이 얇아져서 쉽게 구겨지고 조각나버릴 상태가 되어도 힘을 낼 수 없다.

예술가가 뮤즈를 망친 것일까, 그녀의 인생을 통째로 망가트려 버린 것일까.

뮤즈는 예술가와 더 이상 함께하지 않아, 뮤즈는 그의 곁을 떠난다. 그녀는 이제 누군가의 뮤즈도 아니다. 하지만, 그녀가 떠나버린 마음은 텅 비어 예술가는 구멍 나버린 그곳을 어떻게 해도 메울 수가 없다. 그녀의 자리는 점점 자라기 시작해 예술가를 완전히 사로잡아 버린다. 그녀를 대신할 수 있는 것은 이 세상에 존재하지 않아, 그녀는 유일무이한 존재로 영원히 존재하게 된다.

그녀는 진정한 뮤즈가 된다.

팩토리, 에 대한 스토리는 매력적이다. 팩토리걸, 그녀가 있었기 때문에 팩토리는 더욱 흥미롭고 시간이 지난 지금까지도 사람들에게 회자되고 기억되고 재창조되는 것이 아닐까 생각해본다.

사람들에게 영원히 기억되고 재창조되는 것, 그렇게 뮤즈는 손에 잡을 수도 볼 수도 없지만 영원히 존재하게 된다. 그것이 예술가에게 있어 진정한 뮤즈의 역할이 아닐까.

뮤즈를 가지고 싶다. 어떤 의미로 남게 될 것

인지, 비록 그 끝이 상처만 남아 좋지 않다 하더라도 뮤즈를 통해서 영감을 받는 그 멋진 경험을 해보고 싶다. 새로운 세계를 창조해 보고 싶다. 나도 누군가의 뮤즈가 되어보고 싶다. 독보적인 세계와 아우라를 가지고 영감을 주는 유일한 존재, 그 선택받은 축복의 존재가 되어보고 싶다.

팩토리,

미친 사람들이 모여 만드는 미친 공간, 나는 여전히 그것을 희망하고 동경한다.

토요일에 태어난 아이는 일을 열심히 한다고 해,

토요일에 태어난 아이는 그것이 마음에 들지 않아,

월요일에 태어난 아이의 예쁜 얼굴을,

화요일에 태어난 아이의 은총을,

수요일에 태어난 아이의 다양한 재능을,

목요일에 태어난 아이의 지성과 낙천적인 성격을,

금요일에 태어난 아이의 매력을,

일요일에 태어난 아이의 사랑스러움을,

부러워하네.

파랑의 꽃,

붉은색, 질투

　금속을 손톱으로 직직 긁는 소리,

　그 끝으로 전해오는 소름의 미세한 떨림,

　신경을 손톱으로 직직 긁는 소리,

　현악기의 금속성 소리, 날을 세워 현을 긁는 고통의 소리,

　직,직,직,직,

　그것은 질투,

　... 그래, 질투.

　그것이 모든 것을 망치지.

　모든 것을 망쳐버려,

　붉은색, 강렬하고 모든 것을 녹여버리는 붉은색,

나를 미쳐버리게 만든다.

이따금 나는, 미쳐버릴 것 같은 기분을 느낀다. 온몸이 금세 뜨거워지고 그 숨 막히는 열기에 얼굴이 빨갛게 익어가고, 그러면 나는 미쳐버릴 것 같은 기분을 느낀다. 미칠 것 같다. 머리가 펑, 하고 터지거나 너무나 고조된 감정 때문에 어지러움을 느낀다. 그 터져버릴 것 같은 감정 때문에 두 귀가 높은 고도로 올라갔을 때처럼 막혀버리는 기분을 느낀다.

질투,

그래, 질투는 나를 미쳐버리게 만든다. 그 빌어먹을 감정, 남보다 조금 더 소유하고 있는 그 빌어먹을 것, 나는 질투로 뭉쳐 있는 사람이다. 질투로부터 절대 자유로울 수 없어, 달아나도 달아나도 멀어지려고 애를 써 봐도 그것은 그림자처럼 달라붙어, 그림자면 다행이게, 빛이 없으면 사라지니까.

하지만 질투라는 이놈은 빛이 사라져도 절대로 그 모습이 없어지지 않아 끈덕지게 나에게 달라붙는다.

질투는 사람을 눈멀게 만든다. 사람의 이성을 마비시켜 판단할 수 없게 만들어버려, 모든 것을 망쳐버린다. 잘 채색해 놓은 그림을 손으로 뭉개 그 형체를 알아볼 수 없도록 지저분하게, 여러 가지 색이 섞여 원래의 밝음을 잃고 탁하게 물들여 버린다.

그가 귀엽다고 말했던 여자와 이상형이라고 말했던 연예인과 인스타 팔로우를 해놓은 인기 많고 몸매 좋은 예쁜 여자와 그의 마음에 드는, 취향의 모든 여자를 질투한다. 그가 밤에 안고 잘 여자와 그가 사랑스럽게 바라볼 여자, 그가 입을 맞추고 그의 품에 안길 수 있는 여자, 그가 꽉 껴안아 주는 여자, 그 한 사람이 될 여자에게 질투를 느낀다.

이것은 나의 모든 것을 통째로 뒤흔들 만큼의 큰 영향력 있는 질투는 아니다. 이것은 그저 잔잔한 일상에 물수제비를 뜨듯이 표면을 흔드는 정도의 작은 마음이다. 내가 될 수 없음에 안타깝지만, 받아들일 수 있는 마음이다.

직,직,직,직,
더 빠른 속도로 신경을 긁는 소리,
이중 삼중으로 나뉘어 사방에서 다가오는 소리
몸을 얼어붙게 만들어,

두 명의 댄서의 춤은 어느새,
무대를 가득 채운 군무의 형태로 바뀌어,
소름은, 곧 질투라는 감정으로 바뀌게 돼,
그것은 반대로 얼음처럼 차갑고 냉정한 것.

파랑의 꽃,
아무도 보지 못한 상상 속의 꽃,
파랑의 꽃,
질투로 시작된 거짓말의 꽃.

나는 잘 하고 싶어요. 그냥 잘하는 것이 아니라 누구보다도 뛰어나게 잘 하고 싶어요. 나보다 뛰어난 사람을 보는 것은 너무 힘들어요. 내가 제일 잘해야 해요. 나는 욕심이 많아요. 욕심은 자꾸만 나에게 질투와 시기를 가르쳐줘요.

나는 왜, 아니, 내 인생은 왜 단 한 번도 내 뜻대로 흘러가지 않을까요. 왜 잘되는 꼴을 못 보는 것 마냥, 바람대로 잘되지 않을까요. 내가 원하는 것들은 항상 나를 비껴가는 것 같아요. 바람이 양 갈래로 갈라져 내 주위로 흩어져 가요. 내가 뭘 그렇게 잘못 했나요?

나는 그래서, 질투가 많아요. 갖고 싶어도 갖지를 못해서, 갖고 싶은 것이 많은데 가져본 적이 없어서, 마음이 착하지를 못해요. 못된 마음으로 똘똘 뭉쳐 있어요.

나만 안되는 것 같아요. 그래서 나는, 인생이 너무나 힘들어요. 사는 것이 너무나 힘들고 버거워요.

달이 바뀐 월요일,

오랜만에

연락을 했어,

시험을 잘 봐라, 잘 지냈냐는 등의 사소한 질문으로 만날 약속을 잡았어,

우리는 이른 저녁을 먹고 밖이 어두워졌을 때쯤에 밖으로 나왔어.

이제 또 언제 볼지 기약이 없어, 아마 이대로 헤어지면 다시는 볼 수 없다는 생각이 들어,

너는 갑자기 아쉬운 마음에 그냥 보내기는 싫고, 그래서, 알고 지낸 반년 동안 한 번도 하지 않았던 적극적인 모습을 보이기 시작해, 근처 카페 혹은 가벼운 맥주를 마시러 가자는 제안을 했어.

진작에 그래 주지 그랬어, 우리가 매주 만날 수 있었던, 매주 얼굴을 볼 수 있던 그때, 내가 체념을 하지 않았던 그때.

일생에 단 한 번뿐인 기회, 라는 말을 들어본 적 있어? 우리는 아마도 그 타이밍을 놓친 것 같아, 뒤늦은 후회도 아쉬움도 소용이 없어, 너는 갑자기 지난 행동을 후회하고 다시 인연을 이어보려고 노력해, 그 모습을 보면 나는 마음이 아파.

심장이 아려오고 찌릿찌릿, 저리는 기분이 실제로 전해지고 있어. 절대 일어나지 않을, 나를 아프게 하는 그 기분이 좋아, 나는 침대에 누워 다시 눈을 감고 상상해.

연락을 했어,

시험을 잘 봐라, 잘 지냈냐는 등의 사소한 질문으로 만날 약속을 잡았어.

수요일, 한 시간씩 주기적으로

잠에서 깨어나며

분명히 너의 얼굴을 본 것 같다. 하지만 너는 나에게 호의적이지 않아 나를 곤란하게 만든다. 어떤 이유에서인지 기억이 나지 않아 나는, 답답함을 느낀다. 너는 그 정도로 잠깐, 얼굴을 보였다.

아무튼, 너는 내가 아닌 다른 여자의 편을 들어주고 있었다.

나는 너의 그 차가운 눈빛과 행동을 온몸으로 느끼며 나에게 주어진 일을 하고 있다. 일은 방금 막, 나에게 주어진 것이었다.

나는 당근으로 주스를, 당근이 들어간 또 다른 음료를, 아무튼 당근을 사용해 무엇을 만들어야 했다.

당근의 선명하고 눈부신 맑은 주황색이 주변의 색을 무색하게 만든다. 나는 도마 위에 평소대로, 평소의 아침에 내가 마시는 채소 주스를 위해 당근을 자르는 것처럼, 당근을 자르기 시작한다. 정확한 두께로 자르는 것은 역시나 쉽지 않아, 두꺼운 것과 도중에 끊어진 것, 정확한 두께의 것으로 구분된다.

너는 나의 행동을 계속해서 지켜보고 있다. 나는 당근을 자르면서 조금씩 해방되어 가는 것을 느낀다. 무엇인가 행동하고 있다는 것, 아무것도 하지 않고 가만히, 너의 시선을 온전히 느낀다는 것이 얼마나 고문인지, 나에게 주어진 일이 생겼다는 것이 얼마나 다행인지 모른다.

온전한 길이의 당근을 절반쯤 잘라 내었을 때, 너는 사라졌다. 당근도 함께 사라졌다. 나는 당근으로 무엇인가 만드는 것을 하지 못했다. 도마 위에 가지런하게 잘라 놓은 것들도 보이지 않게 되었다.

조금씩, 어둠 속으로 사라진다. 주위는 새까맣게 변해 버렸다. 얼마 되지 않는 물건들만 고유의 색을 가지고 있어, 그것은 까만 공중에 둥둥 떠다니고 있다. 검은색의 커다란 판을 대어 놓은 평면의 공중이다. 이것에 대한 기억도 사라지는 것을 느낀다. 당근, 주황색의 드문드문한 기억만 억지로 기억해 내고 있다.

모든 것이 둥둥 떠다니고 있다.

밤 열한 시,

거의 열두 시를 향해 가는 시간에

 연기를 뒤집어썼다. 바람이 가는 방향도, 바람의 기척이 느껴지지도 않는 밤이었는데, 어째서인지 연기는 나에게만 불어왔다. 눈이 매웠다. 연기를 피하려고 몸을 오른쪽으로 왼쪽으로 돌려봤지만 연기는, 그 몸집을 더 크게 부풀려 나를 정면에서 덮쳐왔다. 괴로웠다. 연기의 매서움에 연기의 냄새에 도망치고 싶었다. 그 냄새는 너무나 미세한 알갱이로 되어 있어서 몸에 붙어 잘 떨어지지 않았다. 연기는 어느새 나의 일부가 되어 있었다.

 연기의 알갱이가 눈에 보였다. 그것은 내가 입은 흰색 스웨터와 검은색 머리카락과 짙은 청

바지의 색과 비슷했지만 자세히 관찰하면 은빛으로 빛나는 것을 볼 수 있었다.

    은색의 예쁜 연기는 반대로 끔찍한 냄새를 가지고 있었다. 그 냄새는 특히, 내 머리카락에 달라붙어 머리카락을 은빛으로 빛나게 만들었는데, 그것은 머리카락이 곱슬곱슬해 크게 부풀려진 모양새로 보이게끔 만들었다. 하지만 머리카락은 기름이 져서 눅눅하게 변해 있었다. 연기의 냄새는 곧 내 두피로, 내 얼굴 살갗으로 파고들어 입 안까지 비집고 들어왔다. 나는 더 이상 말을 할 수가 없었다. 연기의 냄새는 내 목소리를 가져갔다. 인어공주의 목소리가 작은 소라 껍데기 안에 갇히는 것처럼, 나는 연기로 둘러싸인 형체 없는 알갱이에 목소리를 빼앗긴 것이다. 입술은 위아래로 서로 붙어 절대 떨어지지 않았다. 나는 온통 냄새로 뒤덮였다.

    나는 지금 이 순간, 내 존재가 이렇게나 끔찍하다는 생각을 했다. 머리가 어지러웠다. 목구멍이 막혀오고 목덜미가 굳어가는 느낌이 들었다.

인어공주의 소라 껍데기를 깨버려야 했다. 공주의 목소리가 담긴 소라를 바닥에 던져 푸른 형광으로 빛나고 있는 저 목소리를 해방해야 했다.

나는, 나에게 붙어버린 냄새에 괴로워하며 떨쳐내려 애쓴다. 연기를 손으로 집어 들어 인어공주의 목소리가 빠져나간 소라 껍데기 안에 집어넣으려는 시늉을 한다.

달빛에 익숙한 아이는

갑작스러운 태양의 눈부심에

눈을 뜰 수 없어,

두 다리에 내리쬐는

뜨거움에 살갗이 전부

타들어 가는 것을 느껴,

아이는 두 눈을 감는다.

태양의 따뜻함을 보는 것은

먼 기억 속이라,

달빛에 익숙한 아이는

그 찰나의 순간,

태양의 강렬함을 잊지 않으려

영원히 녹아든다.

트러블 메이커,

난 아무래도 정상이 아닌 것 같다, 고 여자는 생각했다. 로션을 바르고 머리를 빗고 거울을 가만히 들여다보는데 문득 그런 생각이 드는 것이었다.

여자의 예술가적 기질은 여자를 예민하게 만들었고, 아니, 원래 여자가 가지고 있던 예민한 기질이 예술을 만나 더 미세하고 팽팽하게 가늘어져, 언제 끊어질지 모르게 아슬아슬 매달려 있던 것이었다.

그래서 여자는, 위태롭고 정상적이지 않았고 무난하고 둥글었던 성격은 조금씩 모나기 시작했다. 원래 감춰져 있던 여자의 모남이 겉으로 드러나기 시작했다.

트러블 메이커,

여자는 누군가와 싸웠다. 여자는 끊임없이 누군가와 심하게 언성을 높여서 싸우기도, 드러나지는 않지만 미묘하게 신경전을 벌이기도, 기 싸움을 하기도 했다. 여자는 누구든 자신을 건드리면, 절대 가만두지 않겠다고 생각했다. 두 배로 갚아서 복수해 주거나, 찾아가서 죽여버리겠다는 생각까지 했다.

그날도 여자의 신경을 건드리는 누군가를 처리한 날이었는데, 그 생각에 슬쩍 미소를 짓다가, 거울에 비친 미소 띤 얼굴을 보며,

여자는 다시 한번,

난 아무래도 정상이 아닌 것 같다, 고 생각을 했다.

입술 뜯기

비릿한 피의 맛이 혀끝에 감돌았다. 아랫입술에서 피가 흘러나왔다. 너무 열심히 입술을 뜯어 버린 탓이었다. 엄지손가락의 손톱 사이에 붉은색 피가 끼어 있었다. 얼른 문질러 피를 없애 버리고 거울을 보니 아랫입술에 동그랗게 붉은 피가 올라와 있었다. 얼른 그것을 빨아 먹었다. 계속 빨아 먹었다. 상처가 꽤 깊은지 오랜 시간 빨아도 피가 멈추지 않았다. 아랫입술은 살점이 뜯어져 이제 막 아물기 시작한 예전의 상처부터 막 뜯어져 피가 나는 새로운 상처로 난장판이 되어 있었다. 입술 뜯기는 오래된 버릇이었다. 입술은 핏기 없는 색으로 변해 버렸다. 그래도 개의치 않았다. 상처가 아물고 조금 괜찮은 상태가 되면 또다시 손가락으로 입술을 뜯었다. 그러다 입술이 까맣게 변해버린 것을 깨달았다. 입술에 있는 세포가, 입술의 살이 죽어버린 것처럼 입술이 까맣게 죽어 있었다. 한 번 죽어버린 입술은 다시는 살아나지 못했다. 영원히 까만색으로 살아야 한다는 것을 직감한 순간, 그제야 심각성을 깨달았다.

그래도 입술을 뜯었다. 그 순간에는 까맣게 변해버린 입술이 붉게 변했기 때문이었다. 그럼 입술이 살아난 것처럼 느껴져 또, 기분이 좋아지는 것이었다.

여자는 죽어도 탐스럽고 붉은 앵두 같은 입술을 가질 수 없었다. SNS로 올라오는 수많은 색깔의 입술을 볼 때면 그 청순하고 연약하고 완벽한 분홍색을 표현함에 그저 부러워, 자신의 버릇을 탓할 뿐이었다. 여자의 입술은 어떤 색을 발라도 까맣게 죽어버린 칙칙한 색깔을 덮을 수 없었다. 여자는 슬펐다. 예쁜 입술을 가지고 싶었다.

그러면서도, 여자의 손가락은 익숙하게 입술을 뜯고 있었다.

탐스럽고 도톰하고 말랑한 분홍빛의 입술, 그것은 얼마나 상대방을 황홀하게 만들까, 사진 속의 알록달록한 예쁜 입술들을 볼 때면 여자는 넋을 놓고 마음에 드는 색깔의 입술을, 여자가 그나마 비슷하게 따라 할 수 있을 것 같은 색깔의 입술을, 혼자서 점찍고 있었다.

비릿한 피의 맛이 혀끝을 감돌았다. 아랫입술이 찢어져 또다시 동그란 피가 솟아오르고 있었다. 피를 빨아 먹었다. 어쩐지 피의 맛이 이제는 익숙하다는 생각이 들었다. 비린 맛이 묘하게 쾌감을 주기도 했다. 그러다 문득, 여자는 아랫입술에서 피가 나는 것이 점점 드물어진다는 것을 깨달았다. 입술은 자신이 가지고 있는 피를 전부 빼내어 죽음을 맞이하고 있는 것 같았다. 그리고 그 죽음은 거의 임박했다.

여자는 입술이 완전한 죽음을 맞이하기 전에 '그 남자'와 꼭 키스를 해보고 싶다는 욕망에 사로잡혔다. 그 남자는 여자와 마주 보고 이야기를 할 때면 항상 시선이 여자의 입술로 향하고는 했는데, 그 시선엔 혐오감이나 신기함 따위의 것이 아닌 무엇인가를 가지고 싶을 때의 간절함 같은 것이 보이고는 했다.

여자는 내일, 남자와 반드시 키스하기로 마음먹었다.

남자의 입술은 연한 갈색이 섞인 분홍색이었으며, 적당한 도톰함에 말랑함은 여자를 기분 좋게 만들었다. 여자의 계획은 성공했다. 여자가 수도 없이 상상하고 또 상상했었던 남자와의 키스가 마침내 이루어진 것이었다. 이 모든 것은 죽어가는 입술, 덕분이었다.

여자는 남자의 입술을 반복해서 물고, 잡아당기고, 떨어지지 않으려 집요하게 애썼다. 마치 남자의 입술을 떼어 자신의 것으로 바꾸려고 하는 것처럼.

...!

거울을 보는 여자의 얼굴에 미소가 번졌다. 여자의 입술은 부풀어 올랐지만 평소보다 더 도톰하고 붉고 생기가 돌았다. 생명력을 흡수한 것처럼 입술의 살갗 아래 혈관을 타고 피가 도는 것 같이 뜨거웠다.

여자는 입술을 뜯었다.

여자는 또다시, 남자와 키스하기로 마음먹었다.

그날은 전보다 더 길고 오랜 시간 공을 들여 서로의 입술을 탐했는데, 여자의 집요함에 남자는 섬뜩함을 느꼈다. 여자는 오로지 남자의 키스, 영원히 끝나지 않을 그것을 원했다. 입술에 생명을 불어넣어 줄, 묘약을 갈구했다.

여자는 입술을 계속 뜯었다. 여자는 계속 키스했다. 남자는 여자가 버거웠지만 시간이 지날수록 늘어가는 여자의 실력에 점점 빠져들었다.

반면, 시간이 지날수록 여자의 입술은 남자의 키스에도 살아나지 못했다. 다시 원래의 칙칙함을 입고 다시는 변하지 않았다. 여자는 불안함에 또다시 입술을 뜯었다. 남자와의 키스는 이제 중요하지 않았다. 여자는, 남자에게 이별을 고했다. 남자는 여자와의 키스를 잃고 싶지 않아서 여자의 입술을 뜯어버렸다.

    남자는 여자의 입술을 가지고 돌아갔다. 신기하게도, 입술이 뜯어진 자리에는 피가 한 방울도 나지 않았다. 여자는 거울을 보았다. 시커먼 입술이 사라져 대신 붉은색 살이 자국으로 남아있었다. 여자는 미소를 지었다. 이제 입술이 다시 살아날 때까지 기다리면 되는 것이었다. 붉은색으로, 연약하고 청순한 분홍색으로.

나는,

모든 감정이 힘들다. 감정에 지치고 괴롭고,

그것을 버텨내기가 너무 힘들어.

베르테르,

그가 떠올랐다.

그의 편지에 녹아있는 격정적인 감정, 폭풍의 휘몰아침이 떠올랐다.

수요일의 피곤함,

환각

환각,

여자는 잠을 자고 있다. 폭신한 이불은 여자가 늘 덮고 자는 이불이 아니었다. 여자는 매트리스 위에서 잠을 잤는데, 폭신함 때문에 침대라고 생각이 되어도 사실은 그냥 바닥에 이불을 깔고 자는 것이었다.

여자가 잠들기 전 누웠던 익숙한 공간이, 다른 곳으로 바뀌었다.

여자의 좁은 원룸은 어느새 커다란 쓰리룸의 형태로 바뀌었고, 바깥은 잘 기억나지 않지만, 아마도 시골의 풍경처럼 나무와 풀이 많았던 것으로 어렴풋이 생각이 난다. 하지만 그것은 완전한 시골의 한옥 건물은 아니라, 또 그것이 이상한데, 오피스텔처럼 여러 층으로 된 형태였다. 누워서 자고 있는 여자가 그것을 어떻게 느꼈는지는 여자의 후각이 한몫했다.

여자는 평소에 담배 냄새를 너무나 싫어했는데, 길을 걸어가면서 담배를 피우는 흡연자들은 모두 빨리 죽어 버렸으면 좋겠다, 라는 생각을 하고 있었다.

남에게 피해를 주는 흡연자들은 모두 죽어야 한다.

여자는 잠을 자는데 이상한 냄새를 맡았다. 아마 맡았을 것이다. 여자는 잘 기억나지 않는데, 담배 냄새의 그 매캐함에 여자는 잠에서 깬 것이었다.

아, 어디를 가든 나를 괴롭히는 이 냄새는 사라지지 않구나, 하는 생각에 여자는 절망을 했다. 여자는 어디에서 나는 냄새인지 확인하고 싶어 자리에서 일어나 화장실로, 배수구로, 다른 방으로 코를 킁킁거리며 찾아다녔다. 발생지를 꼭 찾아야겠다, 는 생각이 여자를 집요하게 만들었다. 하지만 이내 여자는 포기하고, 다시 자리에 누웠는데, 이번엔 이불 위로 이상한 벌레 한 마리가 여자의 얼굴이 있는 쪽으로 기어 오고 있었다. 여자는 벌레를 세상에서 제일 싫어했는데, 정말로 무서워서였다.

여자는 기겁을 했다. 작은 하루살이가 아니라 검은색의 딱딱한 등껍질을 가진 커다란 벌레였기 때문이었다. 벌레는 이불의 높게 솟은 모서리 부분을 따라 여자를 지나쳐 열심히 기어갔다. 굳이 잡지 않아도 된다는 생각에 여자는 약간의 안도를 느꼈다.

하지만 고개를 돌렸을 땐, 또 다른 벌레 한 마리가 여자의 다리 쪽 이불 위에서 열심히 기어다니고 있었다. 여자는 전보다 더 큰 절망을 느꼈다. 이곳에서 벗어나고 싶었다. 이것이 꿈이었으면, 이곳이 꿈이었으면, 하고 여자는 간절히 바랐다.

여자는 눈을 떴다. 여자는 기억이 잘 나지 않았다.

벌레, 두 마리의 벌레가 기어다니는 장면의 기억만이 인상에 남아 있었다.

여자는 너무 피곤했다. 7일 만에 처음으로 쉬는 날이었다. 너무 오랜만에 힘들게 일을 한 탓에, 기억이 여자를 괴롭힌 것이다. 여자는 생각했다.

여자를 괴롭혔던 그 냄새가 꿈이었는지, 아니면 실제였는지에 대해서 곰곰이 생각했다. 여자에겐 그것만이 중요했다. 너무나 생생하게 맡았던 탓에, 여자는 조금씩 두려워졌다. 하지만 생각은 오래가지 못했다. 여자는 너무 피곤했고, 몸이 피곤했고, 많은 집중과 생각에 뇌가 피곤했으며, 그래서 생각이라는 것을 뇌가 거부하고 있었다. 여자는 잠시 동안, 뇌를 진공상태로 만들어버렸다. 여자는 얇은 비닐로 뇌를 잘 포장해 놓고, 생각이 조금이라도 빠져나오지 못하게 잘 밀봉한 후, 다시 침대에 누워 잠을 청했다.

뭘 어떻게 해,

음악은 이미 시작되었어.

그것에 맞춰 연주해야 하지.

그것이 음악이니까 말이야.

_Caravan

나 이제 머리가 꽤 많이 자랐어,

처음 만났을 때보다 훨씬,

네가 긴 머리를 좋아하는 걸 알았더라면 자르지 말 걸 그랬어,

그럼,

나를 좋아했을까?

참으로 이상한 일이다. 하루 사이에 너에 대한 생각이 간절해지지 않아, 이제는 조금 무뎌졌어. 그 외에 신경을 써야 할 일들이 갑자기 터져서 그런 이유도 있겠지만, 이 무뎌짐이 오히려 다행스럽고 또 반갑다.

뒤에서 누군가가 머리카락을 스치는 것이 느껴진다.

이것이 너였다면, 참으로 황홀하고 설레었을 텐데,

알지 못하는 누군가여서 소름이 오소소, 돋았다.

약에 취한 목소리,
예술의 표현

경계를 허문다. 경계가 허물어진다. 애초에 나뉘어 있지 않은 것처럼, 이곳이 안인지 밖인지 불분명해진다. 목소리에는 힘이 있어, 사람의 혼을 빼놓는다. 경계를 허무는 목소리,

Want me,

박자보다 미세하게 느리게 들어오는 목소리는, 한 템포씩 느리게, 나른하게 박자를 마음대로 가지고 논다. 베이스는 스피커 바로 앞에서 연주되는 것처럼 소리가 지잉, 거리는 울림을 가지고 귀를 찔렀다가 이내 뭉뚱그려진다.

환각의 세계, 몸에 힘이 빠지고 몸이 무겁게 축 늘어진다. 눈꺼풀은 점점 감겨오고 귓가에 들

리는 레코드의 잡음 소리와 턴테이블 위에 판이 돌아가는 소리, 그 위에 내려앉은 먼지가 공중으로 날리고 짓이겨 들어가는 소리가 내 몸 안에서부터 시작되는 것처럼 사실적으로 다가온다. 소리와 나, 라는 존재의 분간이 희미해진다.

    기분을 몽롱하게 만드는 목소리가 너무나 좋다. 약에 취해서 부르는 듯한 몽환적인 목소리, 분위기, 약에 취한 분위기, 그것들은 쉽게 다가갈 수 없지만 그래서 나는 늘 호기심을 가지고 있다. 약에 취한 목소리는 아무리 기교를 내고 흉내 내려고 해도 절대 그것만의 감성을 따라잡지 못해.
    사람의 혼을 빼놓는 흐느낌, 그 흐느낌을 듣고 있으면 내면 깊은 곳을 간질이는 것 같은 기분이 든다. 함께 빠져들고 싶은 충동을 느끼게 하는 미친 감정, 기분을 자꾸만 미치게 만들어, 정신을 놓고 흐트러지고 싶어진다. 나를 멋대로 하고 싶어진다.
    사람들의 시선을 상관하지 않고, 내면의 미친

감정들을 다 꺼내서 표출하고 싶어진다.

내 미친 감정들, 미친 것처럼 보이고 싶은 이상한 마음, 멋대로 몸을 움직이고 춤을 추는 것처럼, 꼭 술에 취해 비틀거리는 것처럼, 흔들흔들, 아무 생각하지 않고 머리를 비워야 해.

나는 왜 이렇게 생겨먹은 걸까, 거울을 보는데 앞머리가 마음에 들지 않아, 앞머리는 계속 왼쪽으로 휘어지는데 그것이 마음에 안 들어, 손톱을 자르는 작은 가위를 꺼내 대충 잘라본다. 비뚤비뚤, 길이가 다 다르지만 괜찮아, 어차피 내 눈에만 보일 텐데, 다시 흔들흔들, 술에 취한 것처럼 정신없어 보이는 것처럼.

예술가들은 어째서 약, 중독, 이라는 것과 떨어질 수 없었을까. 그들을 표현함에 있어 그것들이 끼치는 영향은 얼마나 컸을까. 조금은 위험한 생각이지만, 내가 원하는 대로, 최대치의 표현을 할 수 있다면, 나는 그것들을 받아들이겠다. 그리고 나의 모든 것을 표현하고 나서 사라지는 선택을 하겠다.

나, 라는 형체보다, 내가 만들고 이루고 싶은 것이 더 크기 때문이다. 마음이 더 크기 때문에 형체의 내가 고통받는 것은 아무렇지 않아.

미친 것 같은 예술적 표현, 희미한 환영, 경계를 허무는 목소리,

Want me.

이 세상의 것이 아닌 섬세함,

우울이 만들어 낸, 짙푸름

남자는 순식간에 여자의 시선을 사로잡았다. 남자가 여자와 함께 일한 지 이제 몇 개월이 지났을 때였다. 여자는 남자에게 약간의 관심을 가지고 있었지만 그 마음이 깊어지거나 하지는 않았다. 남자에게 만난 지 1년이 되어가는 여자친구가 있다는 사실이 그 이유였다. 그리고 남자는 여자보다 나이가 어렸다. 그래서 평소에 남자가 여자에게 거는 장난에 즐거워하거나 쑥스러워하면서 마음이 살랑거리는 것을 느꼈지만 그것은 함께 일하는 시간에 한해서였다.

여자는 남자와 함께 일하는 시간이 늘어갈수록, 남자가 자신을 대하는 태도에 조금씩 변화가 생기는 것을 느꼈는데, 아무 이유 없이 자신의 곁에 다가와 있거나 항상 가까이, 옆에 붙어 있는 것이었다.

   ... 그리고, 요즘 들어 여자를 자꾸만 헷갈리게 하는 남자의 행동은,

   썩 마음에 들었다. 여자는 중심을 잡으려고 하면서도, 자꾸만 의미 부여를 하게 되는 자신을 어쩌지 못했다.

   대화를 하면서 여자의 팔에 닿는 남자의 몸이 좋았다. 일부러 여자에게 닿는 남자의 살갗이 좋았다.

   남자는 여자의 몸에 닿아도 놀라거나 급히 떼어내는 법이 없었다. 원래 의도한 것처럼, 조금씩, 하나씩, 여자와 맞닿았으며 점차 오래 머물렀다. 여자는 커다랗고 울퉁불퉁한 남자다운 손을 좋아했는데, 마침 남자는 까맣고 골격이 큰 손을 가지고 있었다. 여자의 팔에 남자의 팔이 닿아 있

으면 여자는 자신과 남자의 팔을 번갈아 보면서 크기와 색을 비교했고, 저 커다란 손에 잡히는 것은 어떤 기분 일지 상상하고는 했다.

일이 끝나고 남자와 헤어지면 여자는 더 이상 남자에 대해 생각하는 것을 그만두었다. 남자는 일하는 공간, 그 안에서만 존재하는 여자의 비밀스러운 즐거움이었다.

남자는 순식간에 여자의 시선을 사로잡았. 함께 일한 지 몇 개월 지났을 무렵의 저녁이었다. 여자는 오랜 시간 서 있던 터라 선반 위에 올라앉아 있었고, 남자는 그 앞에서 등을 보이고 서 있던 저녁이었다. 남자는 목이 말라 컵에 물을 담아 마셨다.

여자는 뒤에서 남자를 가만히 지켜보았다.

꽤 정성스럽게, 정성을 담은 눈빛으로 남자의 행동을 찬찬히 관찰했다.

처음 봤을 때 보다 훨씬 자란 남자의 머리카락이 모자 끝으로 뻗쳐 나왔다. 여자는 남자가 단발 길이의 머리도 꽤 잘 어울리겠다, 는 생각을 했다. 가볍게 묶은 머리가 참 잘 어울리겠다, 는 생각이 들었다. 까맣게 그을린 남자의 피부색이 단발의 머리와 어울려 예술가의 분위기로 보이게끔 만들었다.

아주, 섬세하고,

...그것은 조심스러울 정도로 섬세해서 남자다운 굴곡이 오히려 선이 가늘게 느껴질 정도였다. 여자는 처음 느껴보는 생소한 감정에 그저 침묵했다.

남자의 섬세함에 홀려 말을 잃었다.

남자의 섬세함에는 많은 것들이 담겨 있었는데, 그의 행동, 그의 표정, 그의 눈빛, 모든 것들이 완벽한 조화를 이루고 있었다.

남자의 행동은 리듬감이 느껴져, 의미가 담긴 손짓은 결코 빠르지 않은 부드러움이었다. 남자의 무표정은 오히려 많은 것들을 담고 있었다. 여자는 숨죽였다. 살짝 내리깐 눈빛에는 슬픔이 담겼다. 어디를 향하는 것인지 알 수 없는 공허함에서 비롯된 슬픔이었다. 슬픔은 남자의 행동을 더욱 느리게, 느린 박자로, 섬세한 움직임으로 보여주었고 그것은 우울함으로 여자에게 다가왔다.

남자의 입술이 유리컵에 닿았다. 아주 살짝 닿았을 뿐인데 그 행동에도 의미가 담긴 듯 무척이나 고귀하고 고결하게 보였다. 여자는, 평소에 자신의 행동이 무척이나 경박스럽다는 생각이 들었다. 생각 없이 하는 일상의 행동들이 전부 호들갑스럽게 느껴졌다.

남자는 손 닿으면 깨질 것 같은 투명한 섬세함을 가지고 있었다. 너무나 투명해서 남자가 가지고 있는 우울함과 공허가 그대로 보였다. 여자는 계속 숨죽였다. 계속 침묵했다.

남자는 이제, 여자의 사적인 공간에서도 존재하는 즐거움이 된 것이다.

서로의 몸을 맞대는 일은 점점 잦아졌고 길어졌고 의도를 숨겼고 그래서 눈치를 보았고, 대담해졌다.

　남자의 섬세한 손길이 좋았다. 여자를, 여리고 조심스럽게 다루어야 하는 '여자'로 대하고 말해주는 남자의 예쁜 말이 좋았다.

　여자는 간절히 생각하면 이루어진다는 그 미신 같은 말을 믿기로 했다. 매일 밤, 여자는 생각했다. 기도했다. 간절히 바랐다. 남자와 좀 더 깊은 관계로 발전할 수 있기를 매일 밤 생각했다. 여자는 성격이 급해서 하루빨리 이루어지길 바라고 또 바라고 안달했다.

　매일 밤, 남자는 여자의 옆에 누웠다. 여자의 좁은 1인용 침대 위에 남자와 여자는 함께 누웠다. 밑으로 떨어지지 않으려 두 사람은 꽤 밀착해 있었다.

　여자는 잠든 척했다. 남자가 어떤 행동을 할 수 있도록 잠든 척했다. 남자가 어떤 행동을 해도 놀라지 않도록 잠든 척, 연기를 완벽하게 하려고 다짐했다.

남자가 머뭇거리는 것이 느껴졌다. 여자는 숨죽였다. 일정한 호흡으로 숨을 쉬려고 노력했다. 여자가 깨어 있는 것을 남자가 알면 모든 것이 엉망으로 될 것이었다. 이불 밑으로, 남자가 여자의 손을 조심스럽게 잡았다. 손등을 잡았다가, 다시 손바닥을 잡았다가, 그것도 마음에 안 드는 듯, 여자의 손가락 하나하나 위치를 더듬었다. 모든 것은 조심스러웠다. 남자의 조심스러운 행동이 여자의 마음을 간지럽혔다. 여자는 손에 힘을 살짝 풀어 남자가 손을 잡기 편하게 만들었다. 그것을 놓치지 않고 순식간에 남자는 손가락을 걸어 손깍지를 꼈다. 손에 힘을 줘 꽉 잡은 커다란 손이 참으로 좋았다.

따뜻했다.

여자는 계속 바랐다.

연기는 계속되었다. 남자는 이번에는 잠버릇인 척, 여자의 머리맡으로 팔을 뻗었다. 아주 조용하게, 여자가 알아차리지 못하도록, 아니 여자가 잠에서 깨지 않도록. 아주 미세하게 내려온 팔은 여자의 머리카락을 헤집었다. 그대로 가만히, 몇 초가 지났을까, 결심이 선 남자의 손가락은 여자의 긴 머리카락을 헤집고 쓸어내리고, 이마로부터 시작해 빨갛게 열로 달아오른 여자의 뺨을, 부끄러운 뺨을 부드럽고 정성스럽게, 꽤 오래도록 쓰다듬었다. 그리고 다시 아래로 내려온 손가락은 뺨보다 더 붉은 여자의 입술로 옮겨가, 남자의 엄지손가락은 입술을 급하게, 누구에게도 들키면 안 되는 행동처럼 아주 급하게, 조금은 거칠지만 떨림이 느껴지는 손길로, 입술을 꾹 어루만졌다. 아주 짧은 손길이었다. 남자는 성급히 몸을 돌려 누웠다. 더 이상의 행동을 자제하려는 것처럼 보였다.

여자는 심장이 터질 것 같았다. 이불이 여자의 심장 소리를 막아주길 바랐다. 숨을 쉴 수 없을 정도로 어지러웠다.

남자의 수줍음이 여자를 엉망으로 만들었다. 여자의 마음을 난장판으로, 미치도록, 헤퍼지고 싶도록 만들었다.

여자는 바랐다.

이대로 끝나지 않기를 계속해서 바랐다. 남자의 다음 행동을 기대했다. 기꺼이 헤픈 여자가 될 수 있었다.

여자는 바랐다.

더 가까워지고 싶었다. 여자는 다음 단계를 상상했다. 미신을 계속 믿었다. 정말로 매일 밤, 남자가 여자의 옆에 누웠으면 좋겠다고 생각했다.

물을 마시던 입술의 섬세함, 유리컵을 물고 있던 살짝 벌어진 입술의 야릇함, 그 입술이 자신의 입술을 다루는 방법이 너무나 궁금해 미칠 지경이었다.

남자는 여자의 맨 어깨에 두 번의 입맞춤을 했다.

그리고 이어진 쇄골에 가볍게 한 번, 고개를 들어 잠시 뜸을 들이다 조금 아래의, 볼록하게 솟은 여자의 가슴께에 두 번, 입맞춤을 했다. 남자의 행동은 여자를 언제나 떨리게 만들었다. 숨죽이게 만들었다. 그 조용하고 섬세한 행동, 그것을 지켜보는 것은 심장을 쥐어짜는 느낌과 다르지 않았다. 여자의 맨살에 닿은 남자의 숨과 입술의 촉감, 온도, 모든 것들이 마음에 들어 여자는 슬퍼졌다.

미신은 실제였다. 그것은 물거품 같은 실제를 여자에게 안겨 주었다. 단 하룻밤, 주어진 시간은 너무나 짧았다. 영원히 가지고 싶은 밤이었다. 황홀함에도 그들은 우울했다. 여자는 우울했다. 새벽의 공허함이 그들을 덮쳤다. 물거품이 사라지고 각자의 일상이 그들을 정신 차리게 만들었을 때, 하지만 후회하는 사람은 없었다.

여자는 남자에게 후회하느냐, 고 물었다. 남자는 아무 말 없이 고개를 양옆으로 저었다. 여자는 안도했다. 여자와 남자는 똑바로 누워 빈 천장을 바라보았다.

여자는, 조금 더 지나면 몇 시간 전의 일이 될 그 순간을 다시 생각했다. 부드럽고 조심스러웠던 남자의 입술을 떠올렸다. 몸에 닿던 자잘한 입맞춤을 떠올렸다. 어느 누구도 그러한 섬세함을 담지는 못할 것임을 여자는 잘 알고 있었다.

짙푸름, 우울할 정도로 섬세한 푸름의 것,

여자는 남자에게도 자신이 같은 의미로 남기를 소망했다. 여자는 고개를 돌려 남자를 쳐다보았다.

남자는 눈을 감고 있었다. 잠에 든 것 같지는 않았다. 여자는 다시 고개를 돌려 텅 빈 천장을 보았다.

천장의 어둠이 점차 아래로 내려오는 것을 보았다.

여자에게로 다가오는 어둠을 느꼈다. 여자는, 조용히 눈을 감았다.

영원한 미(美)와 젊음,

유미주의

　악마에게 당신의 영혼을 파시겠습니까.

　아, 물론 공짜는 아닙니다.

　대가는 영원한 젊음,

　당신의 아름다움과 젊음이 영원히 지속되는 것입니다.

　자, 어떠신가요.

　저와 계약을 하시겠습니까.

　여자는 꽤 동안이라는 소리를 많이 들었다. 여자의 나이보다, 많으면 8살 아래까지 보는 사람들도 많았다. 여자는 거울 속 자신의 모습이 정확하게 몇 살로 보이는지 알 수 없었다. 다만, 영원히 거울 속의 이대로였으면 좋겠다고 생각했다. 여자는 어려 보이는 외모와, 실제의 젊음을 계속 간직하고 싶다고 생각했다. 그 생각은 여자가 동안이라는 소리를 들을 때마다, 실제의 나이를 들었을 때 사람들의 놀라는 반응을 볼 때마다, 사람들의 부러움을 느낄 때마다,

점점 깊어졌다.

아직은 젊은, 하지만 그보다 더 어리게 보이는 얼굴, 여자는 갑자기 무서워졌다. 지금의 젊음을 잃게 된다면, 지금 누리는 모든 것들을 잃을 것이라는 생각이,

여자를 불안하게 만들었다.

여자는 한 번도 자신의 나이 든 모습을 상상한 적이 없었다. 그것은 지금도, 앞으로도, 영원히 계속될 것이었다. 나이 듦이 여자에게 주는 매력은 아무것도 없었다.

그러던 어느 날, 여자는 인생에서 잊지 못할 한 남자를 알게 되었다. 그것은 여자에게 축복이

면서 동시에 위험스러운 만남이었다. 그 남자는 누구보다도 잘생긴 외모를 가지고 있었고, 그것은 이 세상의 것이 아닐 정도의 수준이었다. 막 빚어낸 것 같은 탐스러운 두 뺨, 장밋빛이면서 복숭앗빛이기도 한 발그스레한 두 뺨은 아기의 뺨과 비슷했다. 남자의 모든 것이 완벽했다.

남자는, 한 가지 비밀을 가지고 있었다. 그 비밀은 실로 엄청나고 굉장히 매혹적이고 위험하고 믿을 수 없는 것이었기에, 여자는 빠져들었다.

남자는 여자를 자신의 집으로 초대했다. 그러고는 여자를 제일 높은 층의 구석진 방으로 데리고 갔다. 열쇠로 잠긴 그곳은, 절대 누구도 알아서는 안 되는 비밀의 방이었다.

남자는 두꺼운 비단 천으로 둘러싸여진 커다란 물건 앞에서 여자를 기다리게 했는데, 보통의 것이 아님은 그 순간 누구라도 느낄 수 있을 정도의 무거움으로 여자를 압박했다. 비단 천이 흘러 내렸다.

여자의 눈앞에는 그림 하나가 세워져 있었다.

그림, 그것은 남자의 초상화였다.

남자의 완벽한 외모를 그대로 옮겨 놓은 초상화는, 하지만 어쩐지 남자의 외모보다 나이가 들어 보였다. 그리고 남자의 순수하고 깨끗한 이미지와 다르게 어딘지 모르게 탁해 보이기까지 했다.

남자의 이름은,

도리언 그레이였다.

여자는, 남자를 대신해서 늙어가는 초상화를 가진 그가 부러웠다. 남자는 영원불변한 젊음과 아름다움이라는 것을 가진 존재였다. 영원한 젊음, 그것은 여자가 가지고 싶은 절대 불가능한 마법 속의 일이었다.

여자는 그날 이후로 꿈을 꾸었다. 여자를 대신해 늙어갈 초상화를 가지게 되는 꿈, 그런 마법

같은 일이 정말로 일어나게 되는 꿈.

어느 날 눈앞에 악마가 나타나 영원한 젊음을 줄 테니 영혼을 달라는 제안을 했으면 좋겠다는 상상을 하게 되었다. 그럼 기꺼이 영혼을 팔겠노라고, 그런 멋진 기회를 절대로 놓치지 않겠노라고, 여자는 빌고 또 빌고 소망했다.

도리언 그레이,

그가 살고 있는 상상 속의 세계가 실제로 일어나기를 바랐다. 그것은 현실을 부정하는 뜬구름 잡는 마음이었다. 여자는 그 사실을 인정하고 싶지 않았다. 여자에게는 젊음, 영원히 지속되는 젊음이 가장 중요했다. 언제까지나 어리고 젊게 보이고 싶었다. 만약 그것을 잃어간다면, 그것을 지켜보는 것은 큰 절망과 고통일 것이었다. 절대 견뎌내지 못할 일이었다.

여자는 자신의 소망대로 영원한 젊음을 얻을 수 없다면, 대신 늙기 전에 죽어버리기로 결심했다. 여자가 좋아하는 '콜레라 시대의 사랑'에서 늙는 것이 싫어 죽음을 선택한 남자가 나온다는 것이 불현듯 떠올랐다. 그리고 여자가 좋아하는 반 고흐 역시 이른 나이에 죽음을 맞이했고, 마찬가지로 여자가 예인(藝人)으로서 좋아하는 그 누군가 역시, 이른 중년의 나이에 생을 마감하지 않았던가.

40살, 딱 그때까지만 살자,

여자는 그래도 자신의 젊음이 아직은 유지되는 시간을 40살로 정하고 그때까지만 살기로 마음먹었다. 그 이후의 인생은 여자에게 없었다. 40살까지는 10년도 채 남지 않은 시간이었다. 살날까지 얼마의 시간이 남았는지는 중요하지 않았다. 젊음을 유지하는 기간, 그것만이 중요했다. 여자는, 자신의 결심에 만족했다.

그럼에도 여자는 도리언 그레이를 떠올렸고, 초상화를 얻기를 바랐고, 계속 소망했고, 악마에게 영혼을 팔아서라도 영원함을 얻길 기도했다.

젊음이 없다면, 그것은 더 이상 살아갈 가치가 없는 것. 인생의 의미가 없는 것.

젊음이 주는 아름다움, 그것이 사라진다면 그 어떤 것도 기쁨과 즐거움을 주지 못하리.

댄싱,
나는 자유를 꿈꾼다

아,

딱 하루만이라도 열정과 정열과 자유에 취한 영혼으로, 영혼의 자유로움을 느끼며 살아 본다면, 더 이상 삶에 여한은 없으리.

원래, 애초부터 삶에 미련은 없었으니, 그 순간 삶이 끝난다고 하더라도 기꺼이 받아들이리.

내일 당장 죽는다 하더라도 한 번만 나에게, 저런 축복이 있기를.

감히 쉽게 발들일 수 없는 예술의 영역, 몸을 통한 영혼의 예술적 표현,

춤. 그것을 통해 모든 것을 불태우고 한 줌의 재로 사라지는구나.

Dance like this,

그것은 자유다. 내가 꿈꾸는 진정한 자유. 나를 억압시키는 모든 것들에서 해방되어 그 순간에는 나, 그리고 지금의 순간, 이것에만 집중할 수 있게 되는 행운을 누린다. 그 자유로움을 온몸으로 느껴본 사람은 하루하루가 얼마나 매력적인지 알게 될 것이고, 살아있다는 것에 대한 의미를 온전하게 느낄 수 있을 것이다. 그것은 축복이다. 자유의 순간을 경험해 본 자의 축복이다.

나는 인생에 재미가 별로 없어, 어떤 것도 나에게 진심으로 즐거움을 주지 못한다. 아니, 내가 어떤 것에도 깊은 즐거움을 느끼지 못한다는 표현이 더 맞을 것이다. 생각하는 것만으로도 두근거리고 기대가 되고, 빨리 내일이 되었으면, 하는 기대를 주는 것들은 이미 예전에 사라져 버렸다.

나에게 인생은 재미없는 것이다. 죽지 못해 산다, 는 표현이 맞다. 죽지 못해서 그냥 꾸역꾸역 살아가고 있다. 죽는 법을 모르기 때문에, 꾸역꾸역, 시간만 의미 없이 흘러가고 있다. 다들 가슴을 뛰게 만드는 일을 하지 않고도 오래 사는 것에 아무런 생각이 없는 것일까, 그런 인생을 오래 살아야 무슨 소용이 있는 것일까, 나는 인생이 정말 재미없다. 죽어버린 인생이다. 그래서 내 인생에 미련이 없다.

    가슴이 뛰지 않는다. 뛰는 시늉만 할 뿐이다. 떨림은 오래가지 못한다. 내 전부를 던져서 빠져들 그 무엇, 나를 부서뜨려서까지 완벽을 느끼고 싶을 정도로 간절한 그 무엇,

    그것이 없어서 나는 죽어있다.

    나는 내 인생과 내 생명, 모든 것을 순간에 바칠 각오가 되어 있는데, 왜 나에게는 그것이 주어지지 않는 것일까.

    인생의 무의미함, 무미건조함, 지겹고 지긋지긋함, 죽어있는 상태, 꺼져버린 열정, 미련 없는 현재의 인생,

    나는 오랜 시간 이런 생각을 가지고 살고 있다.

Dance like this,

그것은 나에게 자유고 열정이고 열망의 대상이다.

억압되어 있는 마음을 가장 절실하고 완벽에 가깝게 표현할 수 있는 방법, 나는 춤추는 사람에게 감탄한다.

Dirty Dancing,

춤, 리듬에 흐르듯 몸을 맡기고 자유롭게 흐름을 타는 몸짓, 그 몸의 움직임에 넋을 놓고 자유를 읽는다. 바람이 잔잔하고 옅은 물길을 실어 나르듯, 마주 잡은 양손과 양팔의 움직임에는 음악적인 리듬감이 느껴질 정도로 흐름이 자연스럽다. 그것은 바람과 하나가 된 움직임이며 물길에 저항하지 않는 인생의 흐름이다.

춤을 추는 움직임에는 열정과 사랑이 느껴진다. 눈을 맞추고 시선을 떼지 않고 표정에는 즐거움이 넘친다. 동작에도 기분이 자연스럽게 묻어 나와 숨 쉬는, 살아있는 움직임이다. 춤을 추는 사람도, 지켜보는 사람도, 자연스럽게 리듬을 타게 되는 마법이 일어난다. 두 사람의 호흡, 주고받는 호흡이 만들어 내는 새로운 공간, 영원의 순간.

그것은 자유다. 모두가 하나가 되어 순간을 즐기는 자유다. 그래서 나는, 춤을 동경한다. 내 죽어버린 삶과 다른, 내 비어 버린 마음과 다른 살아있는 사람들, 온몸을 통해서 나를 표현하는 멋진 행위를 하는 사람들은 그래서 진심으로 멋지다. 춤을 통해 인생을 말하고 인생을 표현하고 나를 완성하고 터질 듯 답답한 이 마음을 자유롭게 드러내고 토해낼 수 있다는 사실이,

나는 항상 막혀있고, 답답함을 제대로 표현할 수 없고, 뻣뻣하고 자유로울 수 없음이,

그래서 속으로 자꾸만 쌓여가고 그래서 더욱 무기력해지고 우울해지고 비관적으로 변하고 또 다시 좌절하고 절망하게 되는 내가,

춤, 그 자유를 동경한다.

노을이 지는 저녁,

불그스름한 갈색빛이 온 거리와 건물 위를 드리우는 시간,

채도 낮은 주황색, 연두색의 지붕이 만들어내는

고즈넉한 분위기, 따뜻한 빛깔들,

그 위로 검은색에 작은 하얀색 점이 박힌 도트 무늬의 긴 치마가 펄럭인다.

배경과 사람, 모든 것이 잘 어울리는 레트로 풍의 그림이다.

치마는 여자의 몸짓에 따라 그 속에 숨겨놓은 하얀색의 레이스를 보여줬다가 다시 숨기고, 여자의 턴 동작에 맞춰 빙글빙글 돌았다가 바람을 머금어 풍선처럼 부풀었다가 다시 제자리로 돌아간다.

모든 것이 정지되어 있고, 춤을 추는 여자와 남자, 여자의 치마, 그리고 불어오는 바람만이 움직이고 있다.

작게 들려오는 음악에도 바람이 담겨, 여자의

코러스 소리는 바람의 소리가 된다.

    검은색 굽 높은 하이힐만이 정신을 차리고

    한 폭의 그림 안에서 현실로, 사람들을 안내해 주고 있다.

    노을이 지는 저녁,

    불그스름한 갈색빛이 온 거리와 건물 위를 드리우는 시간에.

아주 오래된 내 블로그에서,

아주 오랜만에 발견한 나의 20대 초반의 글,

자유롭고 우울하고 고독한 영혼,

그리고 그렇게,

철이 들어가는 것이다.

  서울의 나의 집. 몇 시간 전에 대구에서 돌아와 허전함을 느낀다. 또다시 혼자가 되었다. 따뜻하고 따뜻했던 부모님과 함께 보낸 3일이 그립다. 또다시 그전에 반복하고 반복했던 나의 생활로 돌아와야 할 때가 되었다. 또다시 적응해야 한다.

  지난 3일 동안 너무나도 슬펐다. 슬프기보단 서글프다고 해야 맞을 것이다. 마음이 아프고, 가슴이 아프고, 심장이 아팠다. 너무나도 마음이 아팠다.

  마음이 아프다.

  너무 좋아서 잃고 싶지 않아서 영원했으면 좋

겠다는 생각이 들어 마음이 아팠다. 모처럼의 떠들썩함과 편안함. 예전 생각들이 나서 서글퍼졌다. 그렇게 익숙하던 것이 지금은 너무나도 특별하고 익숙하지 않은 일이 되어버렸다. 세월이 지날수록 변해 가는 것들을 붙잡고 싶어졌다. 붙잡고 싶다. 어리석은 생각이다...

    밤에 자려고 누웠지만 잠이 오지 않았다. 여러 가지 생각이 들고 어쩐지 자꾸만 우울해져서 눈물이 흘렀다. 나의 진짜 집에서도 울면서 잠이 들었다.
    상황이 너무나도 어처구니없었다. 내 주변의 상황이, 현실이, 무엇보다 어떻게 해야 할지 마음을 정하지 못하는 내가 너무나도 싫었다. 빨리 무엇인가 결정해야 한다. 정말 뭘 하고 싶은지, 뭘 원하는지... 너무 생각이 많았다. 쓸데없는 여러 가지 생각들, 앞으로의 일들에 대해 상상하는 것, 멋대로 상황을 생각해 버리는 것은 내 오랜 습관 중의 하나인데, 그것을 버리고 싶다는 생각을 예전부터 하고 있었다.

　너무 조급하다. 조급해질 수밖에 없다. 주위에서 어떤 말을 해도 들리지 않는다. 모든 상황을 부정적으로만 생각해 버리는 것이다. 물론, 내가 최고라고 생각하지 않는다. 그런 생각은 처음부터 없었다.

　밤이 되면 생각들은 점점 심해진다. 원래 밤이란 그런 것이다. 그러고선 감정적으로 되어 버린다. 낮에 부모님께 화를 냈던 일들, 그런 것들이 너무나도 죄송스럽고 또다시 마음이 아파졌다. 눈물이 흘렀다. 심장이 아팠다. 너무나도 슬퍼서, 너무 오랫동안 울었기 때문에.

　이틀째 되는 날엔 정말로 오랜만에. 거의 3년 만인가. 모처럼 외갓집에 놀러 갔다. 새해 인사를 드릴 겸 해서. 언니와 형부, 아빠와 엄마, 그리고 나.

　너무나도 오랜만이라 아파트가 몇 호인 지도 기억이 나지 않았다. 충격이었다...

외할아버지와 할머니께서는 정말로, 내 기억 속에서의 모습보다 훨씬 달라져 계셨다. 당황스러움과 동시에 죄송스러운 마음이 들었다. 그동안 어떻게 해서든지 가지 않으려고 했던, 한동안 친척들을 만나는 것은 정말 싫다고 생각했던 적이 있었다, 내가 너무 어리석었다. 할머니께서 용돈을 쥐여 주시면서 울먹이시던 모습이 계속 기억에 남는다. 그 상황은 너무나도 가슴이 아프다. 하시던 말씀에 가슴이 아프다. ~~언재 또 나를 보겠느냐고~~ 하시던, 그러면서 울먹이시던 목소리가, 말들이, 그다음은 어떤 말씀을 하셨는지 기억이 잘 나지 않는다. 눈물이 나려고 했기 때문에. 너무 마음이 아파서 또다시 눈물이 나려고 했다.

참았다. 정말 필사적으로 참았다. 거기서 울 수는 없었다. 또다시 가슴이 아프고, 예전의 모습들이 떠오르면서, 현재 많이 변해 버리신 모습에 안타까움과 죄송함과 서글픔이 동시에 느껴져서 미친 듯이 슬퍼졌다. 나는 정말로 어리석었다. 정말 어리석었다. 예전과 같은 공간에서 많은 것들이 너무나도 변해버렸다....

    집으로 돌아가기 전, 아파트 창문에서 우리를 향해 내려다보며 손을 흔드시는 두 분 모습을 보니 또다시 눈물이 나려고 했다. 예전과 똑같았다. 예전처럼 여전히, 변함없이 손을 흔들어 주셨다. 우리가 정말로 반가우셨을 것이다. 눈물이 나려는 것을 억지로 참고, 또다시 놀러 오겠다고 큰 소리로 겨우겨우 말했다. 울음을 참으려는 내 목소리가 이상했다. 죄송했다. 아..... 생각하니 또 슬프다.
    이틀 연속으로, 대구에서, 나의 고향에서, 모처럼의 집에 온 상황에서, 자꾸만 슬픈 생각이 들었다. 자꾸만 눈물이 났다.

    그날 저녁은 정말로 즐거웠다. 가족과 함께 그렇게 재미있는, 좋은, 행복한 시간을 보낸 것이 얼마 만인가. 혼자 살면서, 서울에서 생활하면서, 나는 너무나 변했다. 너무나도 개인적이고 이기적으로 변해버렸다. 비밀이 많고 우울하게 변해버렸다. 혼자서 생활하는 것은 정신건강에 좋지 않다.

하지만 느낀 것이 많았다. 가족들과 친척들의 따뜻함과 소중함을 다시 느끼게 되었다. 정말로 나에게 중요한 것은 가족들이다. 체면을 차리고 자존심을 세우는, 그런 스쳐 지나가는 인연들이 아니다. 제일 가까운 것들을 소중히 여겨야 한다.

그리고... 낙담하지 말자. 포기하지도 말자. 걱정도 하지 말자. 과거는 생각하지 말자.

지나간 일에 미련 두지 말고 생각하지도 말자. 그리고 올해엔 내가 예전부터 그렇게 생각하고 또 생각했던, 그렇게나 다짐하고 얘기했던 일을 할 나이가 아닌가. 그러니, 미친 듯이 빠지자. 미친 듯이 하자.

도중에 포기하거나 그만두지 말자. 정말로 끝까지 지켜 나가자. 그리고 따뜻한 마음을 가지도록 하자.

어떤 일이 있어도 비뚤어지지 말자. 하루가 지나고 일 년이 지나고 시간이 지날수록 생각의 깊이도 깊어지고 점점 철이 들어가고 밝은 면만 보는 것이 아니라 그 뒤에 감춰진 슬픔과 아픔도 보이기 마련이지만, 그렇지만, 철이 든다고 해서, 현실적이 된다고 해서 현실에 맞춰가지는 말자.

주입식 교육의 폐해를 잘 알면서 또다시 기계적인 생활, 정형화된 일상을 살지 않게 된 것에 차라리 감사하자.

'저주 때문이 아니라, 저주를 믿었기 때문이다'라는 영화 구절을 생각하자. 사람의 마음이란 얼마나 중요하고 대단한 것인가. 얼마나 큰 힘을 가지고 있는가….

열심히, 하지만 집착하지 않고 기대하지 않고 즐거운 마음으로 하자.

환상, 하지만 실제였던

이렇게 눈 오는 날이면 항상 그때 그 순간이 기억난다.

바이올린 연주 소리에 놀라서 잠에서 깬, 그날 아침.

복도에까지 울리던 바이올린 연주 소리.

잠에서 깨어 커튼을 젖히고 창밖을 바라봤을 때의 그 놀라운 풍경.

이제는 더 이상 오지 않겠지, 라고 생각했던, 하지만 마지막으로 내렸던 눈.

온 세상이 하얗게 덮여 햇빛에 반사되던 풍경과 계속해서 들려오는 바이올린 연주 소리.

마치, 러시아에 있는 듯한, 꿈을 꾸고 있는 듯

한, 뭐라 말할 수 없는 그런 이상하고도 신기하면서 또 신비해서 멍해져 버린 그때.

그전에도, 그 후에도, 지금까지 다시는 일어나지 않은 그때가.

너무나도 환상적이었던, 기이했던 그때가.

우울과 몽상,
그리고 데카당스

copyright ⓒ 문지하, 2023

글. 그림
문지하

초판 1쇄 **2018년 6월 9일**
개정 1쇄 **2023년 11월 23일**

편집 **오종길, 문지하**
디자인 **김현경**

펴낸곳 **스토리지북앤필름**
홈페이지 **storagebookandfilm.com**
이메일 **juststorage@gmail.com**
instagram **@storagebookandfilm**

* 이 책의 내용의 전부 또는 일부를 재사용하려면
  펴낸곳을 통한 저작자의 동의를 받아야 합니다.